Mon Afrique selon De Gaulle

Avertissement

Les romanciers prennent toujours la précaution de mettre en garde leur lecteur : « Attention, celui qui prend ce qui est raconté dans ce roman pour une vérité est dans l'erreur ».

Je voudrais les imiter et dire ceci : « ce roman, c'est des histoires, rien que du sirop de cerveau. Un roman, c'est comme un doigt qui montre la lune. Regardez la lune, pas le doigt ».

Table des matières

1

Ça a commencé comme ça

Peu après 10 heures. Rasta déboule dans mon bureau. Tout essoufflé et en sueur. Comme un homme qui vient de faire l'amour et qui n'est pas encore totalement descendu sur terre. Sans se donner le temps de reprendre son souffle, il me commande d'écrire un livre.

Je le regarde.

- Un livre sur quoi ? que je lui demande.

- Sur De Gaulle, qu'il dit. On raconte partout que De Gaulle en avait marre des Nègres et des Arabes. Et qu'il avait donné les indépendances aux colonies pour mieux les coloniser, les piller, les dépouiller. Tu savais qu'il était comme ça ?

Me voyant sans réponse, il poursuit :

- Donc, si je comprends bien, vos indépendances africaines, c'était de l'arnaque ?

Je ne dis rien. Alors il enchaîne :

- Eh ben, ça change tout. J'ai toujours pensé que De Gaulle était gaulliste. Pour moi, c'est un colonialiste. Or, un colonialiste ne peut pas être gaulliste ou alors c'est quoi le gaullisme ?

Il y a des jours comme ça. Quelque chose vous tombe dessus, sans comprendre pourquoi. Ce matin-là, peu après dix heures, je suis entré dans mon bureau, laissant la porte entr'ouverte. Chose que je ne fais jamais depuis ma tendre enfance chez ma grand-mère. Chaque fois que je sortais de la case de ma grand-mère en laissant la porte ouverte, elle criait : « Hé ! Petit fainéant ! Tu vas finir par me tuer avant la mort !

Ferme-moi toujours cette porte derrière toi, hein, petit fainéant ! Ça fait cent ans que je te le dis : le jour où un diable envoyé par Lucifer ou un vagabond errant va se glisser dans cette maison, comment tu vas faire pour m'en débarrasser, toi qui ne sais même pas écraser un cafard ? Hein ! Fainéant ! » Puis, elle aspergeait un peu d'eau mélangée d'herbes séchées, de gros sel et de grésil à l'entrée de la case, de chaque côté, en répétant : «Va-t'en ! Lucifer ! Va-t'en ! Amen » !

J'ai grandi comme ça. La foi en Dieu, la peur de Lucifer et le mépris du fainéant. Donc, je ferme toujours la porte après moi, quand je sors ou quand je rentre. Sauf ce matin-là.

Je venais de finir mon cours et je voulais prendre un peu d'air avant de lire mon courriel comme on dit aujourd'hui, puis rentrer chez-moi, déjeuner tranquillement. J'aime la vie tranquille !

Par la grande fenêtre de mon bureau, j'avais une vue magnifique sur les allées arborées et l'esplanade — dite l'Esplanade des mondes — entre la Faculté de Droit et le bâtiment central. Je me suis laissé aller à la contemplation.

C'est un des moments agréables, que j'ai découvert au fur et à mesure que les cheveux blancs prenaient le pouvoir sur ma tête. Le temps passe. Le corps rappelle ses exigences. Et le fleuve de chaque petite parcelle de vie apprend à se déverser doucement dans l'océan de l'humanité. Je prends désormais le temps de la contemplation. Ce temps où on se regarde dans le grand miroir du monde et qu'on constate combien on est petit.

De jeunes étudiants, les uns assis côte à côte, sur les bancs publics, ou sur la pelouse ! Les autres, debout, en petit comité, en cercles, ou marchant seuls, peu importe, souvent silencieux mais tous concentrés sur leurs portables, ce symbole de l'homme qui passe à côté de lui-même. Ces jeunes ont un point commun : les téléphones portables. Ils en sont tellement obsédés qu'ils ne voient rien d'autre autour d'eux : ni ce beau soleil, ni la tendre pelouse, ni ces arbres fleuris, ni ces hommes et femmes qui nous entourent. Rien. Ils ont arrêté de regarder le monde et la vie. Je me disais ceci : cette génération est en train de passer à côté de son temps.

On lui a inventé un outil de savoir, elle en fait un instrument d'abrutissement.

Mon attention est restée sur un couple assis sur la pelouse, le garçon bien concentré sur son jouet, face à une fille, elle aussi concentrée sur le sien. Une jolie fille, à ce que je pouvais en juger de ma fenêtre, jambes allongées, cuisses offertes au soleil, une jupe trop courte, un décolleté bien profond qui laisse le firmament contempler une poitrine prometteuse !

Là, je me suis dit : « Arrête un peu. Un professeur de mon niveau, de surcroît bien âgé, respectable et respectueux, ne doit pas s'attarder sur les jambes et les poitrines de jeunes filles. Il doit se concentrer sur l'esprit et laisser les choses du corps tranquilles.

J'en étais là, dans mes rêveries d'un professeur solitaire, quand on frappa à la porte. Sans que j'aie eu le temps de répondre, elle s'ouvre, grande. Et qui vois-je ? Rasta ! Tout essoufflé … Il me commande d'écrire donc un livre sur De Gaulle. Pour dire qu'il détestait les Noirs, les Arabes et qu'il a donné des indépendances en carton pour mieux exploiter les anciennes colonies. Ecrire un roman sur ça!

- Tu rêves ? Certes, les dissertations, les commentaires composés, les explications de textes et toutes ces choses qui ne servent à rien, dans la vraie vie, c'est mon boulot. Je passe mon temps à lire et à critiquer des romans. Ça aussi, c'est mon boulot. J'ai pastiché de très beaux poèmes d'amour de Ronsard, de Lamartine, d'Aragon et autres quand j'écrivais des lettres aux jeunes filles de l'école des sœurs. J'étais tout jeune lycéen, à une époque où on lisait vraiment au lycée. Je n'avais ni chocolats, ni fleurs, ni téléphone portable à offrir. Je n'avais que mon français comme bagages. J'offrais des poèmes aux filles. Et ça marchait. Mais, de là à écrire un roman, il y a une grande marche ...

-Je veux un roman africain sur De Gaulle ! qu'il insiste. Son nom trône partout en Afrique, dans les rues et les boulevards, alors que c'est lui qui a organisé la pauvreté séculaire de ce continent. Comment pouvez-vous supporter cela ?

-Du calme, mon gars, que je lui dis ! Tu débarques dans mon bureau, et tu veux que moi j'écrive que De Gaulle détestait les Nègres et les Arabes ? Qu'il a planifié la misère des Africains ? Tu sais au moins de qui tu parles ? Je vais te le dire. Et je récite : De Gaulle, c'est l'Homme du 18 juin (j'ai dit ça comme ça, mais c'est quoi, le 18 juin ?). Le Rassembleur. L'Incarnation des vertus françaises. Le Salvatore. Le Visionnaire. C'est un monument. Un mythe. Le Mythe français. On n'y touche pas ! C'est le Che Guevara cubain, le Dessalines haïtien, le Lumumba congolais, le Chaka zoulou, le Sankara burkinabé. C'est vrai que la vision politique de De Gaulle, celle d'une France puissante, s'est faite sur le dos d'anciennes colonies françaises. Ce n'est un secret que pour les cervelles de criquet. Mais, de là à écrire qu'il était … xénophobe ? T'as bu du tafia ou quoi ?

- De Gaulle et les coulisses des indépendances, cette histoire n'est pas encore écrite en version africaine. Et c'est cela qu'il faut raconter, qu'il insiste !

-Ecoute-moi bien, que je lui dis. Faire cela, c'est s'en prendre à un mythe français, voire le mythe lui-même. Même si les Français sont un peuple bizarre, ingrat et schizophrène, le plus bizarre, le plus ingrat et le plus schizophrène que je connaisse, même si les Français votent pour leurs rois, leurs députés, leurs maires puis leur coupent les têtes cent jours après, ces mêmes Français les vénèrent, morts ! Il s'agit de l'Homme qui a sorti cette France de la merde pendant et après la Seconde Guerre. C'est lui qui a fait de la France ce qu'elle était à la sortie du siècle dernier : une puissance mondiale. Il a arrimé les colonies à la France comme les doigts à la main et la main au bras afin de pouvoir jouer dans la cour des Grands. Sans lui, la France serait un vulgaire pays, je te jure. Genre Italie, Bulgarie, Moldavie et autres. Le concept de « l'intérêt supérieur », c'est lui. L'homme qui a dit : « un pays n'a pas d'amis, il n'a que des intérêts », c'est lui. L'homme qui a mis l'arme nucléaire dans les mains de la France et lui a permis de bomber le torse devant l'Amérique, c'est lui. La grandeur de la France, c'est lui. Tu me suis ? Et toi tu veux que j'écrive qu'il n'aimait pas les Noirs et les Arabes ! Qu'il leur a donné des indépendances en chiffon ! Qu'est-ce que les Français en ont à foutre de nos indépendances en chiffon ou en cuivre ? Tu me cherches des problèmes ou quoi? Tu veux qu'on m'amène aux Assises puisque j'aurais dit que De Gaulle était xénophobe ? Tu veux qu'on mène des enquêtes en douce sur moi, pour voir si ce congolais devenu français ingrat paie ses impôts ? Moi, j'ai une femme et des enfants à nourrir …

Il me toise de bas en haut, puis de haut en bas, comme une femme non assouvie et qui, en se rhabillant, maudit l'inutile amant. Puis, il secoue la tête et rétorque :

— Dans ce cas, tu vas écrire sur l'Afrique et les Africains, qu'il me dit, avec calme. Comme s'il venait tout d'un coup de prendre un bon massage de yoga.

— Seigneur ! Et je raconte quoi sur l'Afrique et les Africains ? Quoi donc ? que je lui dis.

— Je veux que tu expliques pourquoi vous, les Africains, vous aimez mendier la charité, vous baissez la culotte tout le temps. Hein ! Vous avez la moitié des richesses du monde, et vous n'arrivez même pas à fabriquer un rouleau de papier-cul !

- Moi ? Ecrire que les Africains n'arrivent pas à fabriquer du papier-cul ? Non, mais tu es malade ou quoi ? Tu as une vision occidentale, coloniale de l'Afrique, mon gars, que je lui dis. Et puis, tu crois que les Africains, surtout les intellectuels francophones, me laisseront dire ça ? Ecoute-moi bien, que je lui dis. Tes frères noirs francophones écouteront tout ce que tu voudras leur dire de bien ou de mal sur le monde, le ciel et la terre. Mais s'agissant de leur Afrique, non ! Ils te laisseront dire du mal en deux occasions. Et seulement deux ! Pas trois ! Deux. La première : tu peux dire et crier sur ton toit que leurs dirigeants africains et leurs familles sont tous corrompus de la tête aux pieds, que tu connais leurs hôtels particuliers en Suisse, à Nice, ça passe très bien ! Tu peux dire et écrire qu'ils sont cons, illettrés et analphabètes, bandits, pirates, dictateurs et tout ce que tu veux. Que lorsqu'ils vont aux sommets de Françafrique ou Chinafrique, ils remplissent un airbus A 340 de maîtresses, de faux ministres et des marabouts, tandis que les autres présidents occidentaux se font accompagner de leurs grands hommes d'affaires et d'industriels. Ça, ça passe. La seconde: tu peux dire ou écrire que si les Noirs africains francophones mendient la charité, c'est la faute à la France. Ça passe très bien ! Tu peux injurier, jour et nuit, la France, le père et la mère de la France, l'oncle et la tante de la France qi sont la cause de la misère africaine, ça passe. Tu peux écrire sur les murs des stades « abats la France », tu peux mettre toutes les merdes passées, présentes et futures des Noirs sur le dos, sur la tête et sur le ventre de la France, ça passe. Tu peux même dire que si tes chiottes ne fonctionnent pas, c'est à cause de la France. Personne ne va te demander le lien entre tes chiottes et la France. Pourquoi ? Parce que la France traîne des colonnes et des colonnes de casseroles : les guerres louches, l'esclavage, la colonisation, le pillage des richesses des autres, les coups bas politiques etc. Donc, que tu en ajoutes une ou dix autres casseroles en plus, ça ne change rien à ce gros CV … Et quand je dis ça, je ne dis rien !

Par contre, pour toute autre chose que tu pourras dire sur l'Afrique des Africains, genre ils ont un pourcentage de responsabilités dans ce qui leur arrive ! Non ! ça ne passera pas, je te dis. Si tu oses rappeler qu'au commencement du monde, tous les hommes étaient à dos d'âne et que, aujourd'hui, les uns sont dans des fusées, des sous-marins, des TGV tandis que les Africains sont toujours à dos d'âne, dans les ronds-points, les centres-villes, sur les boulevards, ça ne passera pas. Si tu oses dire qu'au commencement, tous les hommes utilisaient la daba pour labourer la terre, ce truc qu'on trouve dans les manuels d'histoire de l'Egypte antique, et que vingt siècles plus tard, seuls les Africains en sont toujours là à s'attaquer à la terre et à la forêt avec leur daba préhistorique, tu as des problèmes. Ça ne passera pas non plus. Si tu demandes pourquoi du temps de Jésus et de Mahomet, et même avant, les femmes, jarres sur la tête, allaient puiser l'eau du ruisseau au pied du village, et que, vingt siècles plus tard, les femmes africaines vont toujours puiser l'eau au pied du village, ça ne passera pas du tout. La terre est la matière première pour tous les arbres. Mais c'est l'oranger qui transforme sa sève en orange, le citronnier en citron. C'est la vache qui transforme l'herbe qu'elle broute en lait. C'est l'abeille seule, et elle seule, qui transforme le suc des fleurs en miel…

Donc écrire que les Africains n'arrivent pas à fabriquer du papier-cul ! Aie ! Tes frères noirs francophones vont te faire avaler les couleuvres de la langue française. Ils vont tremper leurs langues de vipère dans les dictionnaires de la Stylistique, de la Sémantique et de la Sémiotique pour traiter ton écrit de merde des merdes, juste bon pour servir d'emballages de cacahuètes aux vendeuses à la sauvette. Ils vont demander des subventions à tous ces bailleurs internationaux qui financent des choses futiles, des colloques internationaux, des séminaires pluridisciplinaires, des ateliers bidons, des journées thématiques, des matinées et des soirées de réflexion et autres bavardages d'intellectuels africains noirs francophones qui ne servent à rien, sinon une opportunité pour causer français et rappeler qu'on a étudié en France. Ils vont te traiter de « vendu ». « Vendu » puisque toi, tu as un passeport européen qui t'ouvre toutes les portes du monde, alors que les vrais africains ont des passeports rouges, verts, jaunes, bleus avec de grosses étoiles qui ne passent aucun port. « Vendu » puisque toi, tu manges du fromage et tu bois du vin rouge, blanc ou rosé ; eux, les vrais Africains sont dans les ignames, le gombo et la bière de palme, avec des salaires qui ne dépassent pas le 5 du mois. Ils vont te traiter de « maudit ». Ils vont de traiter de « bâtard », de « peau noire masque blanc », etc. Ils vont te traiter « d'acculturé ». « Acculturé », puisque tu n'as pas passé commande au village, comme eux, pour qu'on te livre une fille vierge, choisie pour son aptitude à piler le manioc en

17

portant un bébé sur le dos, ou pour l'agilité de ses bras dans le malaxage du foufou. Ils vont te traiter d'égoïste acculturé, puisque tu ne fais pas de transfert d'argent tous les trois jours, alors qu'avec ton salaire de fonctionnaire, eux ils auraient nourri une tribu, voire deux et même trois. Egoïste, acculturé et traître car tu vas en week-end au Mont Saint-Michel, en vacances à Londres ou dans les Alpes alors que les vrais Africains descendent au bled, planter ignames, patates ou maïs. Des choses comme ça. Ils iront jusqu'à te traiter de pétard mouillé. Un type qui passe son temps à éjaculer dans une seule femme et qui ne fait qu'un ou deux enfants toute une vie. Alors qu'avec ce sperme consistant bien gras, bien nourri, bien vitaminé, bien reposé, eux, ils auraient fait une bonne dizaine d'enfants chaque année. Gaspilleur de cartouches et de minutions de la famille! Abuseur de biens sociaux ! Voilà comment on va te traiter !

Donc voilà. Rasta me demande d'écrire que l'Afrique a tout ce qu'il faut, dans le sous-sol, le sol, le soleil, les eaux, les forêts, des hommes, mais n'arrive pas à fabriquer un

rouleau de papier-cul ! Me faire traiter de « fils de pute »,
c'est ça qui m'attend. C'est l'injure des injures ! Un homme
peut tout supporter, mais pas qu'on traite sa mère de pute !
Ma défunte mère (Mère, que la terre te soit légère, qu'Allah
t'accueille auprès de Lui et t'accorde toutes les grâces !), elle
n'a connu qu'un seul homme toute sa vie : mon père ! Lui
aussi, il est parti il n'y a pas longtemps (Père, que la terre te
soit légère, qu'Allah te reçoive auprès de Lui et qu'Il
t'accorde toutes les grâces). Là où ils sont, tous les deux, ils
ne supporteront pas ça. Or, quand ils sont partis, nous leur
avons dit « Demeurez en paix ». Donc, juste pour qu'on me
les laisse tranquille, je vais écrire sur De Gaulle ! N'importe
quoi, mais sur De Gaulle ! Et basta ! En plus, je sais que
même si les Français ne sont pas contents, ils ne donneront
pas ma tête à couper. On peut tout leur reprocher, aux
Français, mais sur la liberté d'opinion, non, rien à dire. Leurs
ancêtres se sont battus pour ça. C'est inscrit dans leur
constitution. Tu peux être d'origine étrangère ou naturalisé et

faire le tour des plateaux de TF1, Canal+, BFM TV... en déclarant : « que la France foute la paix à l'Afrique ». Personne ne va te péter la gueule. Tu peux dire que Dieu n'existe pas. Ou s'il existe, c'est un vieil homme croulant... Va dire ou faire ça ailleurs et reviens pour qu'on en cause. Et quand je dis ça, vraiment, je ne dis rien.

Ce n'était pas la première fois que Rasta m'interpellait sur diverses questions, décousues les unes autant que les autres. Il commence toujours par « Vieux ! » et s'adresse à moi avec beaucoup de respect.

Un jour, c'était pour me demander comment moi, nègre, j'ai pu accepter d'être au service de la « France coloniale », comme il dit, au lieu de retourner vivre au village, développer mon pays, y attendre la mort et être enterré parmi les miens ! Il faisait allusion à un détachement dont j'avais bénéficié pour exercer des missions en coopération éducative dans divers pays, sous l'autorité du ministère français des Affaires étrangères. En somme, il est de ceux qui pensent que le coopérant français est simplement un agent colonial actualisé qui va se dorer au soleil sous les frais de Marianne. J'ai parfois envie de leur répéter ceci, encore et encore : allez passer deux ans à Port-au-Prince, à Tombouctou ou Ndjamena et au retour, on pourra causer…

Une autre fois, il m'a demandé si j'avais déjà couché avec une vierge, car, qu'il a précisé, on a beau coucher avec toutes les femmes du monde, si on ne s'est jamais tapé une vierge, on ne sait rien, on ne vaut rien. Quel con ! ce n'est pas le genre de question à poser. Il m'avait abordé alors que je discutais avec un groupe d'étudiants et d'étudiantes, des gens qui pensent qu'un professeur comme moi et de mon âge n'a pas le temps de penser au sexe. J'étais dans le hall central, entre le bâtiment de Droit et celui des Sciences, où sont disposés des bancs, que j'appelle la « Place des anciens ». Les étudiants abonnés à cet espace ont plutôt l'air ancien. Quand on les regarde assis et concentrés, l'air préoccupé et tranquille tout à la fois, on se dit qu'ils ne doivent pas parler de nouvelles fonctionnalités de Samsung ou d'IPhone, comme c'est le sujet des jeunes. On comprend qu'ils traitent des problèmes d'adultes, genre la gestion des épouses et des maîtresses, les résultats médiocres des enfants à l'école, les dépenses de baptême ou de communion, les loyers impayés, les factures d'eau, etc. En somme, une série de questions que ne se posent pas un étudiant classique. Mais revenons à la question de Rasta. Je dois reconnaître que j'étais vraiment gêné. Les étudiants m'ont regardé comme pour dire : « Mais, monsieur, répondez ! Avez-vous déjà couché avec une vierge ? » Sans blague !

Rasta insiste que je dois écrire quelque chose, une légende, un conte, un roman et même un seul chapitre sur De Gaulle.

-Mais pourquoi moi ? que je lui demande.

-Toi, tu as la gueule d'un écrivain, qu'il dit. Un professeur à l'université. Tu enseignes la littérature ! Moi, personne ne me croira. Je suis un demandeur de papiers ! Pas de maison, pas de travail, pas de famille. Toi, tu as tout ça. En plus, qu'il ajoute, j'ai déjà trouvé des titres : *La Corrèze vous aime tant que vous restez dans votre Zambèze, Une bouche qui mange ne parle pas, Nègre tricolore.* Le plus dur, c'est trouver un titre. Le reste, c'est facile !

Il ne manquerait plus que ça ! Ce mec n'a pas encore écrit une seule ligne de sa vie. Il a juste une vague idée, il dit avoir les titres et c'est moi qui doit écrire son roman ! Je suis son nègre ou quoi ?   Pourtant, lui, il a des choses à raconter. Sa vie de clandestin, de sans-papiers. Avec ça, il a de quoi écrire un roman, non ?

- Ok. Je voudrais bien écrire quelque chose sur De Gaulle. Cependant, on passe un deal. Il faudra que tu me racontes des détails de ton départ d'Haïti et de ta vie en

Guyane et que j'en fasse un chapitre de mon roman.

Il rit aux éclats. Rasta a un rire innocent. J'espérais de tout cœur qu'il refuse le deal et, alors, qu'il me laisse tranquille avec son De Gaulle. C'était mal le connaître.

- Ça me va moi. Je salive déjà, qu'il dit. Et il s'en alla.

Moi aussi.

2

La Nouvelle Légende de Charles de Gaulle

Lundi de Pâques.

Le Général De Gaulle est dans son bureau. A l'Elysée. On lui annonce l'arrivée de son ami Léopold-Sédar Senghor qui, en revenant de Normandie, fait toujours un saut à l'Élysée pour le saluer. Il venait de passer les fêtes de Pâques dans sa belle-famille, comme il le fait depuis de longues années. Du Jeudi saint, au lundi de Pâques car, ces fêtes en Normandie ou à Dakar, ce n'est pas pareil. Senghor était un bon chrétien. Un excellent mari. Et un magnifique gendre !

Il redescendait au Sénégal, à Joal précisément, voir sa mère, avant de se rendre à Thiès, auprès de ses administrés. Il a donc fait l'escale quasi obligatoire à Paris. Comme d'habitude, il a été reçu sans rendez-vous. Il faisait partie de ces rares gens que De Gaulle recevait sans rendez-vous, même en ronchonnant. On pouvait tout lui enlever à ce De Gaulle, sauf la faculté de ronchonner.

Ils ont causé de tout et de rien, entre anciens copains de classe. Senghor a donné des nouvelles de Colette, sa femme, restée à Verson, dans le Calvados, à cause de sa grossesse un peu difficile. Et De Gaulle a donné des nouvelles d'Yvonne, qui était quelque part, dans la maison, à l'Élysée. D'habitude, il la faisait venir, ne serait-ce que quelques minutes pour dire un petit bonjour à leur ami Léopold. Cette fois, il voulait qu'ils restent seuls, qu'ils aient la possibilité de causer entre hommes, sans avoir à pavoiser sur le prochain anniversaire du petit dernier qui grandit, qui fait ses nuits, qui fait déjà caca tout seul dans le pot, mais qui ne sait pas encore s'essuyer les fesses … et autres choses de ce genre. Des épopées grandioses joyeusement racontées par les mamans, qui, en réalité, n'intéressent pas les pères. Mais alors, pas du tout. Simplement, on joue le jeu. Oui, c'est comme ça. Un homme ne peut pas faire long feu avec une femme s'il ne joue pas le jeu ! Toi, homme qui me lis, je vais te faire une confidence : quand ta femme se met à raconter les hauts faits de votre bébé, genre « il a fait deux fois caca tout seul, aujourd'hui », en public, et même en privé, ne lui fais pas de clins d'œil pour qu'elle la ferme. Non ! Fais semblant d'écouter, montre-toi très intéressé. Ris aux éclats. Même si le récit te paraît interminable (et c'est souvent le cas), dis-toi que tu survivras. Et que t'es pas seul au monde. La communauté masculine est avec toi. Ça t'évitera de vives représailles matrimoniales une fois les visiteurs partis. Pourquoi ? Puisqu'elle fait de même à ton égard. Et plus souvent que tu ne l'imagines. Tiens ! Quand tu te mets à raconter devant des gens que tu es le meilleur, capable de neutraliser une milice russe ou un gang colombien rien qu'avec ton cerveau, ta femme ne te contredit jamais. Elle te laisse parler. Elle fait semblant d'amener le petit aux chiottes ! Mais, elle sait au fond d'elle que tu te mousses. A qui tu fais appel chaque fois qu'il y a un petit cafard ou un hanneton mort dans l'évier ? Elle. A qui tu fais appel pour savoir où est le sel dans votre cuisine ? Elle. La vie de couple, c'est comme ça ! Jouer le jeu ! Mais laissons-là ces affaires et revenons à Senghor et De Gaulle !

Ils ont parlé de l'avenir du monde, de l'avenir de la France dans le monde, mais aussi du destin du français dans le monde. D'ailleurs, il parait que c'est comme ça qu'est née la francophonie, ce condiment qui est entré dans toutes les sauces. Les méchantes langues du Sénégal et de l'Afrique l'attribuent à Senghor. Il paraît qu'il voulait à tout prix faire de ses compatriotes des enfants de la France : ils aiment le français, ils aiment les diplômes qui ne débouchent sur rien, ils voient toujours la France en grand dans un sens comme dans l'autre. Chaque fois qu'un Sénégalais rêve de Paradis, il pense France. Quand il a un problème avec ses chiottes, il pense France, disent les mauvaises langues de l'Afrique occidentale.

D'autres disent que c'est De Gaulle qui a inventé le mot. Qu'il a ensuite délégué la maîtrise d'ouvrage à Senghor. Finalement, comme personne ne sait exactement comment ça s'est passé, cette affaire de francophonie, les partisans et les détracteurs du poète et du soldat ont fini par conclure que, tout compte fait, c'est la même chose, que la francophonie, c'est de l'arnaque en bande organisée et que c'est pour cela que le dictionnaire Larousse qui sème à tout vent l'a définie comme la langue en partage, les cultures en partage, la démocratie en partage, la solidarité en partage, le développement en partage, etc. À l'arrivée, personne ne sait toujours pas qui est le vrai père de la francophonie, ni ce que ça veut dire vraiment. Mais ça marche. Et pour preuve : un pays où il n'y a qu'un quartier qui parle français peut adhérer à la francophonie s'il en fait la demande. Les linguistes appellent cela un mot de passe. Ça fonctionne, mais ça ne signifie absolument rien. La francophonie, une vraie arnaque ! Et moi quand je dis ça, je ne dis rien !

De Gaulle appelait Senghor Le Chêne. Et Senghor l'appelait Le Baobab. Ça, même les historiens ne le savent pas ! Ils ont parlé de l'Afrique, et surtout des indépendances qui faisaient jaser partout. A l'ONU, on pressait la France d'en finir avec la colonisation, ce système d'exploitation des hommes et de leurs richesses. Les Russes, les Chinois, et beaucoup d'autres critiquaient à haute voix la France, de se pavaner partout comme le chantre de la liberté et de l'égalité alors qu'elle maintient la moitié d'un continent sous cloche. Ils réclamaient même l'exclusion de la France de l'ONU !

Sans compter tous les intellectuels de Gauche et les philosophes qui sympathisaient avec les colonies et les encourageaient à lutter pour leur liberté. Tous les autres exploiteurs des peuples avaient compris. Le Portugal a traîné les pieds. Mais a fini par céder. La France s'accrochait comme un chien à son os, à un point tel qu'elle pétait le cul à tous les peuples qui osaient réclamer l'indépendance. Dans les chaumières tropicales, partout, on en parlait. Les gens misaient sur les indépendances. Les uns dans l'espoir de retrouver ce que la colonisation leur avait enlevé ; les autres pour avoir ce que la colonisation avait promis et n'avait pas donné. C'était vraiment les soleils des indépendances.

Senghor y pensait, mais il ne voyait pas la chose se faire aussi vite. Pour lui, ses compatriotes n'avaient pas encore intégré l'ingrédient indispensable à une indépendance : la culture, fondement de tout. Que chacun sache d'où il vient, pour mieux savoir où il va. La conscience de soi. La culture devrait être le socle des nations nègres. Il n'était pas le seul à le penser !

Senghor ne voyait pas de bon œil des indépendances en pièces détachées qui se profilaient, à l'image du morcellement de l'Afrique, à Berlin, un siècle plus tôt. Pour lui, ça voulait simplement dire qu'on sortait de la colonisation tel qu'on y était entré : en pièces détachées. Avec ça, on n'irait nulle part. Il était bien conscient qu'on ne pouvait plus revenir aux royaumes et aux empires d'antan. Mais tout de même, il y avait de quoi faire autre chose. Ni ce qui a été. Ni ce qui est. Quitte à en prendre le temps. Ce n'était donc pas une question d'échéance, mais de projet de décolonisation. Et là, il n'y en avait pas. Il n'y en a jamais eu.

Les Africains étaient d'accord qu'il fallait la décolonisation. Mais comment ? Et quand on posait cette question, il fallait reculer car la réponse n'était pas aussi aisée. Deux camps se sont formés : pour la bande à Kwame Nkrumah, Sékou Touré, Lumumba, Anta Diop ou encore Modibo Keita, il fallait une indépendance totale hic et nunc. Indépendances ou rien !

La bande des poètes de la négritude et affiliés : les Senghor, Houphouët-Boigny, Mba, Césaire et d'autres étaient nuancés. Trop même. Ils ne voyaient pas la vie de l'Afrique sans la France, sans la langue française. Parmi eux, il y en a même qui ne voulaient pas d'indépendance et se bagarraient pour avoir le statut de « département ». Rien que ça!

Donc, cette après-midi-là, Senghor et De Gaulle ont bel et bien parlé de la question des indépendances. Quand De Gaulle voulait parler, tu pouvais lui arracher la langue et même lui fracasser les mâchoires au pilon, il continuerait néanmoins à parler. Tu pouvais l'enterrer, il continuerait à parler dans sa tombe. Certains vont même jusqu'à penser que de sa tombe, il continue à parler et que c'est pour cela que tous les politiques français vont en pèlerinage à Colombeyles-deux-Eglises pour essayer d'en ramener ne serait-ce qu'un mot du Général. Un mot ! Rien qu'un mot ! Une heure après, sous forme de blagues entre copains, ils ont convenu que lorsque le temps viendrait, on pourrait donner l'indépendance au Sénégal et y inclure le Mali aussi, tant qu'on y était, avec la promesse de faire une et une seule république indivisible. A l'image de la France.

Dans la tête de De Gaulle, c'était déjà trop. Deux vassaux ensemble, ce n'est jamais bon pour le maître. Si on pouvait diviser le Sénégal en quatre avant les indépendances, il l'aurait fait …

- Dans celle de Senghor, ce n'était pas encore assez clair. Cette Afrique en morceaux ! Cependant, il avait l'espoir qu'après les indépendances, les Africains se mettraient sous un baobab ou un manguier et qu'on aurait l'occasion de faire bloc avec la Guinée, le Dahomey, la Côte-d'Ivoire, le Niger, et d'autres. C'était en avril.

Il est donc rentré à Dakar et plus précisément à Thiès, car il en était encore le maire. Et, dit-on, un excellent maire ! Les gens ne le savent pas. Beaucoup pensent qu'il est passé de sa bibliothèque de poète de la négritude à la présidence, sans aucune expérience politique. Pendant le trajet, il y réfléchissait et se disait que ce temps n'était pas encore arrivé.

Il était vraiment poète !

Pour De Gaulle, c'était le moment. Attendre que ces Nègres prennent conscience d'eux — mêmes, et qu'ils lui pètent la gueule ... Donner les indépendances, avant qu'il soit trop tard. Oui ! Mais ! car il y avait un « mais » …

Le mois suivant, les énarques de l'Elysée avaient bouclé l'affaire. De Gaulle annonça à Senghor que l'Indépendance du Sénégal était prête et que c'est lui, Senghor, et personne d'autre, qui en serait le président. Pas de guerre. Pas de tracasserie. Rien. De Gaulle lui demanda de rédiger la

Constitution du Sénégal, comme il l'avait fait pour la Constitution de la France en 1958. Senghor la rédigea. Il dessina aussi le drapeau et dans le même mouvement, il rédigea aussi l'hymne. Tout cela, dans le salon familial à Joal, où il venait souvent les week-end rester avec sa mère, sa femme Colette étant toujours en Normandie ! Les organes furent constitués. Assemblée nationale. Sénat. Mairies.

Préfectures. Le français fut institué langue officielle. Tout ça, en quelques mois. C'est pourquoi les mauvaises langues disent que si l'indépendance du Sénégal, en 1960, avait été aussi difficile qu'un visa pour la France aujourd'hui, jamais la Teranga ne serait indépendante.

Ah, ces mauvaises langues ! Mais comment peut-on dire une chose pareille ? En ben, parce que les formalités administratives pour l'indépendance du Sénégal ont pris à peine deux mois. Tandis que les formalités de visa pour la France durent deux ans, trois ans, quatre ans et plus. Sans garantie d'obtention. A un point tel que les déboutés finissement un jour par se dire : puisque ces Blancs ne veulent pas nous octroyer des visas afin que nous allions chez-eux en avion, allons-y sans visas, à pieds en passant par la

Mauritanie et la Lybie, ou alors en pirogue, par l'Atlantique ! Et basta !

Ah, cette histoire de visa ! La mission première des services de visa dans les consulats et de carte de séjour dans les préfectures, c'est de faire comprendre aux demandeurs que la France, c'est pas n'importe quoi. C'est le paradis, bon sang ! Et qu'on n'entre pas au paradis comme ça, comme on entre au Burkina, en Côte d'Ivoire ou en Guinée. La mission de ces services est d'amener chaque demandeur d'un visa ou d'une carte de séjour à faire son chemin de croix, qu'il se lève plusieurs nuits par mois pendant des années pour faire la queue dès 3 h du matin. Déjà, qu'il s'estime bienheureux lorsqu'il a obtenu un rendez-vous pour présenter son dossier, qu'il se sente élu parmi mille autres s'il obtient ce visa. Au final, dès qu'il monte dans l'avion direction Paris Charles de Gaulle, il faut qu'il sente en lui comme une forme de divine ascension. Et qu'une reconnaissance éternelle à la France soit gravée en lui et en toute sa descendance. Parce que, durant ces mois de quête et requête, la famille du demandeur vit dans l'angoisse, déchirée entre espérance et désespoir. Les amis sont aussi dans l'attente. La famille vend tout ce qu'elle peut pour acheter ce billet d'avion, créer un compte dans une banque crédible, afin de prouver que l'élu a de quoi tenir pendant quelques mois. On fait des sacrifices où on peut : qui à l'église, qui dans une mosquée, qui chez le marabout, voire les trois. On fait des prières, on immole des chats noirs, des coqs et des moutons blancs , derrière la case, dans un puits … Voilà pourquoi les méchantes langues du Sénégal

racontent que si les formalités d'indépendance étaient aussi dures que pour le visa, jamais la Teranga ne serait indépendante. Et moi quand je dis ça, je ne dis rien !

De Gaulle avait peur. Il avait compris que les colonies allaient lui poser un sacré problème et qu'il risquait de les perdre définitivement s'il ne prenait pas le taureau par les cornes. Tout cet or, ce cuivre, ce manganèse, ce diamant, et cobalt… non, Seigneur, il ne fallait pas perdre un gramme de cela. Sinon, que restera-t-il à la France ? Que deviendra la France ?

On a beau être grand stratège, on finit bien par commettre ne serait-ce qu'une ou deux erreurs. De Gaulle en avait commis une : son projet d'assimilation. Il avait décidé de donner la nationalité à tous ceux qui présentaient des signes d'assimilation. Quels en étaient les indicateurs ? Bien parler français, prier le Dieu d'Isaac et d'Abraham, vénérer la France, savoir nouer une cravate, porter en permanence un costume et des chaussures en cuir, manger à table chacun dans son assiette, écouter de la musique classique et avoir des toilettes dans sa maison. Tous les autres, tant qu'ils continuaient à manger à vingt dans un même plat, avec leurs doigts, accroupis par terre sur une natte, tant qu'ils continuaient à faire caca en brousse et à s'essuyer les fesses avec des feuilles humides, à s'habiller en boubou sans slip ni caleçon, à se brosser les dents avec des morceaux de bois à longueur des journées, à danser au tambour et surtout, tant qu'ils ne parlaient que leurs Wolof, Sereer et autres Diola, tant qu'ils continuaient avec ces façons d'être et de faire du

Sénégalais fondamental… pas de nationalité française ! Ils restaient donc des indigènes de père en fils.

Cette loi de l'assimilation n'interdisait pas la polygamie, ni les visites chez les marabouts. Et c'est là que De Gaulle ou son équipe n'ont pas été futés. Pour eux, tant qu'on laisse un Sénégalais avec ses femmes et la terre de ses ancêtres, il te laisse tranquille aussi. Il reste chez lui. Erreur. Double erreur même. C'était ignorer que devenir français c'était le sésame pour voir un jour l'hiver, l'automne, le printemps et l'été.

Voir Notre-Dame de Paris. S'installer à Paris ! Sinon, hein ! être français et continuer à se bagarrer avec les champs de mil et d'arachides, ça ne vaut rien ! Etre français et continuer à dormir avec ses poules et ses moutons, laissez donc ça aux indigènes de Casamance !

De Gaulle était saisi de panique. Comment gérer tous ces nouveaux français ? Passe encore qu'ils réclament des écoles, des hôpitaux, du travail, des universités, de vrais salaires de fonctionnaires français… Mais s'installer au bord de la Seine, autour de Notre-Dame, dans Paris ?

Il y avait plus grave encore à ses yeux : les enjeux politiques. Pour De Gaulle, plus y aurait des Nègres français, plus y aurait de députés nègres à l'Assemblée nationale française, des ministres au gouvernement, des cadres nègres dans toutes les institutions. D'un seul député représentant toutes les colonies avant 1945, on était passé à huit élus indigènes noirs en 1945, représentants de l'Afrique Occidentale Française, l'Afrique Équatoriale Française, du Togo et du Cameroun, puis à vingt-cinq en 1948 et à trente en 1956. Mais combien seront-ils en 2050 ? Blaise Diagne, à l'Assemblée, Gaston Monnerville, à la Présidence du Sénat, Félix Éboué et autres, des Gouverneurs. L'autre Félix

Houphouët, ministre d'État... C'était déjà trop. « On ne peut plus péter à Paris sans voir un Nègre », bougonnait De Gaulle en cercle intime, dit-on ! Il paraît même qu'à un moment, il avait demandé à son cabinet de ne plus inviter un seul nègre à l'Elysée, pendant au moins deux mois.

À ce rythme, pensait-il, l'Assemblée nationale, le pouvoir législatif français, ne tarderait pas à être majoritairement nègre. Le pouvoir diplomatique aussi. Là, oui, De Gaulle avait peur. Des ambassadeurs noirs... Quelle serait l'étape suivante ? Ça cogitait fort dans sa tête : « Avec l'élection du Président au suffrage universel, le risque de voir un Nègre de Gorée ou de Porto-Novo, de Bangui ou de Tananarive porté à l'Élysée pendait au nez de la France. Le risque de voir l'Éducation nationale, les Affaires intérieures, les Affaires

Étrangères, l'Économie... dans les mains des Nègres... Un Nègre, ministre de notre Education nationale ? Un Nègre, ministre des Affaires étrangères ? Un Nègre, ministre de notre économie ? Et ces intellectuels français de gauche qui les encourageaient ! » C'est ça qui bouillonnait dans la tête de De Gaulle.

Et quand je dis ça, je dis rien dit !

De Gaulle ! Au-delà de ces enjeux de politique intérieure, De Gaulle voyait plus loin, le terrain international. La petite

France avec ses quelques kilomètres carrés ne pèse rien devant l'Amérique, ni devant l'Union soviétique, la Chine, l'Angleterre. Certes, elle avait sa bombe nucléaire, la condition première pour être au Conseil de sécurité des Nations-Unies, d'avoir le droit de fabriquer des armes et de les vendre, et d'empêcher les autres d'en avoir. Cependant, à l'ONU c'est une table où chacun a une assiette mais toutes les assiettes n'ont pas la même profondeur. Or, une France avec des colonies reste un et un seul pays. Elle n'a qu'une seule voix. Mais une France avec, dans son cortège, ses quatorze ex-colonies devenues républiques indépendantes, est sûre de quatorze voix en cas de vote ! C'est ça l'assiette politique. C'est ça une vision. Une vision de la grandeur. Rien à voir avec ces misérables présidents qui ont suivi et dont la vision politique est comme un sexe qui, même tendu à bloc, n'arrive pas au nombril.

Alors, De Gaulle s'est dit : « Non. J'suis pas raciste, mais il manquerait plus que ça ! Députés noirs, oui, mais désormais chez-eux ; sénateurs noirs, oui, mais désormais chez-eux ;

présidents noirs, oui, mais chez eux. Et qu'ils nous foutent la paix ! Avant de mettre en place ma Cinquième République, il faut régler cette affaire. Je suis Charles De Gaulle et pas

Charles De Tombouctou... Je suis de Colombey-les-DeuxEglises, pas de Colombey-les-deux-mosquées. Ou alors, c'est quoi le Gaullisme ? », se répétait-il tout seul et dans les couloirs de l'Élysée.

De Gaulle appela Pompidou, son premier ministre et partagea avec lui une partie de ses craintes : « J'ai peur ! Il faut décider : soit la France se retire de ces colonies, soit elle perd tout, y compris son âme ».

Pompidou ne voyait pas les choses comme lui, du moins pensait-il. La France s'était donné la mission de civiliser les Nègres, de les mettre au travail, ces paresseux, qui laissent moisir des richesses inouïes, enfouies par la bonté de Dieu dans leur sous-sol. Les principaux membres du cabinet présidentiel avaient lu les rapports des révérends pères et sociologues qui ont fait l'Afrique, tous unanimes sur un point

: « ce serait injuste, donc contre la volonté de Dieu, de laisser les biens de ce monde dans les mains des sauvages paresseux ».

Pompidou ne voyait donc pas l'opportunité de donner une indépendance aux colonies et voulait qu'on arrange le statut colonial. Mais le dire comme ça ressemblait à une

contradiction. Or, contredire Charles, c'était prendre le risque de se voir boudé des semaines et des semaines. Tant qu'il était en colère, il ne t'invitait plus aux réunions, même si t'es son premier ministre. Un grand rancunier, ce Charles !

- « Les Nègres, qu'ils restent chez-eux ». Tous étaient d'accord. « Qu'ils restent toujours sous la loi française ». Là aussi, ils étaient tous d'accord. Mais comment ? Personne ne savait. Personne. Sauf De Gaulle.

- Donnons-leur un peu de temps, supplia Pompidou. - Les indépendances ! marmonnait-il. Les

Indépendances. Et vite ! Sinon, ça finira mal.

Il voulut convoquer une conférence européenne, afin de décider ensemble, comme ils avaient fait à Berlin pour le partage du gâteau. Mais l'idée n'était pas bonne. Fallait éviter des fuites. Fallait pas trop traiter cette affaire en public.

Il appela son ami Konrad Adenauer, le Chancelier allemand, qu'on appelait le Vieil homme, son principal allié dans son rêve d'Europe et lui résuma la situation : "Konrad, j'ai peur ! On est dans la merde. Les indigènes nous envahissent. Ils veulent leurs indépendances. Je ne suis pas d'accord sur le fond. Mais pour la forme, faisons quelque chose. Soyons stratèges et évitons la catastrophe, il faut leur donner des indépendances formelles ».

Puis, il lui raconta ses cauchemars : les Monnerville, les Blaise Diagne, les Senghor...

- Mais, Charles, nous, c'est fait. Nous avons cédé nos parts, dès 1914. Nous en avons fini avec les indigènes, d'autant plus qu'on n'avait pas grand'chose, faut pas se voiler la face. C'est vrai que la dernière fois, quand j'ai vu tous ces indigènes dans ton Sénat et dans ton Assemblée nationale, je me suis demandé : ils vont où ces Français ? Tu m'invites à déjeuner, mais je vois des Nègres de tous les côtés ! Je me suis dit qu'il fallait vraiment être français pour vivre ça et que tout compte fait, on a bien fait de se tirer. On ne va pas se pourrir la vie pour des collines et des forêts. Tu vois Charles, l'Algérie te pourrit la vie, le Vietnam, n'en parlons pas. Nous sommes bien Allemands, mais ce que vous faites là-bas, ça n'honore personne. Ces gens nous ont fait comprendre qu'ils ne voulaient pas de notre civilisation, qu'ils étaient bien sans nous et j'avoue que nous sommes bien sans eux. Ça nous va. En réalité, on ne leur apportait rien. Beaucoup de nos électeurs se demandaient ce qu'on allait y chercher et menaçaient de ne plus voter pour nous. Tu sais, nous on n'est pas comme vous. On écoute nos électeurs. Donc, on n'a plus rien là-bas, Charles, on a tout laissé aux Belges. Vois avec Baudoin. C'est à son père Léopold que nous avons cédé nos parts, le Burundi et le Rwanda, deux croupions accrochés à son grand Congo, qui ne nous rapportaient pas grand-chose. Je sais pas ce qu'il en a fait des collines à perte de vue, mais bon, suis pas belge moi ! Je te préviens, ce Baudoin, une tête de mule ! J'sais pas ce que tu vas en tirer, il ne comprend rien aux affaires du monde. A la limite, comme ses Tutsi et Hutu le font chier, il peut écouter. Mais sur son Congo, j'ai des doutes. Pour tous les autres terrains, c'est surtout avec Bebeth d'Angleterre qu'il faudra discuter. Elle a des terrains partout. C'était dur de négocier avec elle, mais bon, elle a un sens des affaires, elle arrive à te facturer la poule d'un côté et les plumes de l'autre. Chaque année, elle fait compter un par un les cygnes et leurs œufs de la Tamise et de toutes les eaux du royaume qui appartiennent à la couronne depuis le Moyenâge. Dure, mais pas bête. Tu peux toujours essayer de discuter. Avec ce qu'elle a dans ses caisses, les mines d'or d'Ecosse, les plus grands diamants du monde, les œuvres d'art du royaume depuis l'antiquité, les droits sur les fonds marins britanniques y compris les droits miniers et pétroliers, elle a les droits sur les eaux de la Couronne, la Manche, la mer d'Irlande, l'Atlantique Nord et la mer du Nord avec leur énorme réserve de pétrole et de gaz, elle peut bien se défaire des collines de Rhodésie ou de Namibie sans craindre de finir dans la rue.

De Gaulle avait déjà entendu des choses sur elle. En homme d'Etat, habitué aux rumeurs, il ne leur accordait aucune importance. On racontait, par exemple, que la reine, lorsqu'elle achetait des chaussures, elle négociait le rabais d'abord pour la paire, ensuite côté par côté. Ce qui pouvait ramener la ristourne totale à 80% . Par contre, disaient les mauvaises langues, lorsqu'elle vendait un canard, elle négociait pour le canard et ses plumes et éventuellement pour les œufs. Ce qui doublait, voire triplait le prix du canard.

- Et Giovanni, tu en penses quoi ? T'as de bonnes relations avec lui ?

- Oui, ça va. Mais c'est pas la peine avec lui. L'Italie n'a que l'Érythrée et un bout de la Somalie. Ça ne vaut rien, l'Érythrée ! C'est du caillou et rien en dessous, même si ça t'ouvre la mer rouge. Les Italiens avaient l'Éthiopie, un demicontinent. Mais naïfs qu'ils sont, Ménélik leur a foutu une belle raclée, rien qu'avec quelques hommes munis de sagaies. Et puis, ce Giovanni a des idées trop catholiques, les coups bas avec lui, ça marche pas trop et je vois pas comment il peut faire la politique sans coups bas. On ne peut pas lui faire confiance. Mais Charles, quel est ton plan, au juste ? Tu es enfin décidé à quitter ce continent ? Qu'est-ce que tu mijotes encore ?

- Quitter ! Jamais. Nous disparaitrions de l'échiquier international. Et quand je dis « nous », je parle de toute l'Europe.

Charles lui raconta sa stratégie en se référant à un passage du livre de Günther Anders, sur l'Obsolescence de l'homme:

« Pour étouffer par avance toute révolte, il ne faut pas s'y prendre de manière violente. Les méthodes du genre de celles d'Hitler sont dépassées. Si nous procédons de cette façon, nous allons encore nous fourvoyer comme au Vietnam. On a tiré des leçons de nos erreurs. Il suffit de créer un conditionnement collectif si puissant que l'idée même de révolte ne viendra même plus à l'esprit des hommes. Il faut formater les individus très tôt.

Ensuite, on poursuivrait le conditionnement en réduisant de manière drastique l'éducation, pour la ramener à une forme d'insertion professionnelle. Pas d'université. Un individu inculte n'a qu'un horizon de pensée limité et plus sa pensée est bornée à des préoccupations médiocres, moins il peut se révolter. Il faudra faire en sorte qu'ils ne pensent qu'à leurs ventres.

Et si université il y a, il faudra que l'accès devienne de plus en plus difficile et élitiste. Que le fossé se creuse entre le peuple et la science, que l'information destinée au grand public soit anesthésiée de tout contenu à caractère subversif. Surtout pas de philosophie.

Les Nègres aiment les divertissements. Il ne faudra pas les en priver, au contraire. On diffusera massivement, via la télévision, des divertissements flattant toujours l'émotionnel ou l'instinctif. On occupera les esprits avec ce qui est futile et ludique. Ils aiment le bavardage et une musique incessante. C'est excellent pour empêcher l'esprit de penser.

Par dessus tout, ils adorent le sexe. Eh bien, on leur donnera du sexe. On mettra la sexualité au premier rang des intérêts humains. Comme tranquillisant social, il n'y a rien de mieux. En général, on fera en sorte de bannir le sérieux de l'existence, de tourner en dérision tout ce qui a une valeur élevée, d'entretenir une constante apologie de la légèreté ; de sorte que l'euphorie de la publicité devienne le standard du bonheur humain et le modèle de la liberté.

Avec ce conditionnement, on fabriquera des hommes de masse, des veaux, qui doivent être surveillés comme un troupeau. Tout ce qui permet d'endormir sa lucidité est bon socialement, ce qui menacerait de l'éveiller doit être ridiculisé, étouffé, combattu.

Toute doctrine mettant en cause le système doit d'abord être désignée comme subversive et terroriste et ceux qui la soutiennent devront ensuite être traités comme tels. On créera donc des dictateurs et des opposants. Tous des gens faciles à corrompre. Aux uns et aux autres, il suffira de proposer l'argent et le pouvoir. En un mot il s'agit de tenir les Nègres par les couilles. »

Le Chancelier resta admiratif face au plan de De Gaulle.

- Dans tous les cas, Charles, pour protéger les intérêts de notre Europe, toi et moi, on est ensemble, comme ils disent là-bas, vos indigènes ! Il ne saurait être question de se laisser surprendre une deuxième fois. La première fois, nous avons laissé l'Asie de développer et voilà qu'aujourd'hui, elle nous met les bâtons dans les roues même sur notre propre terrain. Si on laisse l'Afrique s'échapper, à son tour, nous n'existerons plus. Si on laisse les Africains construire des usines chez-eux, ou transformer leurs minerais chez-eux, nous sommes foutus. Il faut les en empêcher. Mais c'est toi qui t'en occupes pour nous. Tu es d'accord pour être notre gendarme ? Si tu as besoin d'aide, on peut voir ce qu'on peut faire, mais pas trop, nos électeurs ne veulent plus qu'on se mêle des affaires des gens. Tiens-moi au courant, je ne te lâche pas.

De Gaulle était soulagé de cette marque d'amitié. L'amitié franco-allemande.

Il appela Baudoin, le roi des Belges. Lui, il refusait de recevoir les Congolais qui venaient lui parler

d'indépendance. Pour lui, le Congo, c'était son argent de poche, à lui et à lui tout seul, légué par son père, roi des

Belges, comme cadeau de mariage avec Fabiola. C'était signé par le notaire de la couronne. Il ne voyait donc pas ce que la politique venait foutre là-dedans, dans une affaire privée. De Gaulle lui raconta ses craintes :

- Baudoin, j'ai peur ! Fais pas le con. Ne te bagarre pas avec tes Nègres du Congo. Donne-leur un semblant d'indépendance.

- Pour l'instant, ils ne savent pas c'est quoi, ni quoi en faire. Ils n'ont pas de médecins, ils n'ont pas d'enseignants, ils n'ont pas d'architectes, ils n'ont rien, que des commis, qui savent juste dire ce que nous leur avons appris : « bonjour monsieur » et « merci monsieur ». Que deviendront-ils ? A ce jour, leurs infirmiers sont juste capables de nettoyer les plaies et de passer du mercurochrome. Leurs enseignants ont à peine le niveau secondaire. Je me suis donné encore cent ans pour qu'ils aient des universités, donc des médecins, de vrais enseignants, des cadres et là on pourra commencer à causer indépendance. Le faire aujourd'hui, c'est criminel, Charles !

- Ne pas le faire tout de suite, c'est plutôt suicidaire, rétorqua De Gaulle. Ils ont un sous-sol pourri de richesses, mais ils ne le savent même pas. Tu t'imagines, s'ils le découvraient maintenant ce qui se passerait pour nous ? Je t'assure, c'est maintenant ou jamais et tu vas voir, ils reviendront vers nous, à genoux, nous suppliant de ne pas les laisser seuls. Ils ne sont pas capables de vivre sans maîtres. Si tu attends qu'ils aient des intellectuels, qu'ils ouvrent les yeux, alors, tu es mort ! Ils n'auront plus besoin de nos médecins, plus besoin de nos enseignants, de nos experts techniques. Plus besoin de nous ! La question est : que deviendrons-nous ? Si tu attends qu'ils comprennent que le CFA que nous leur avons mis dans les poches, ce ne sont que des faux billets, ils vont nous étrangler. La vraie monnaie, ce sera chez nous, dans nos banques. Je te dis, j'ai longuement réfléchi. Ils ont mis cent ans pour comprendre ce que c'est une mission humanitaire et civilisatrice, ils mettront encore cent ans avant de comprendre ce que c'est une indépendance. Baudoin, place ton Joseph à Léopoldville. Il est contrôlable, j'ai vu sa tronche. Une troche d'ange. Il cire les cheveux. Ne comptes surtout pas sur ce Lumumba. Je l'ai écouté. Il est malin. Il voit loin. Très loin. Tu ne pourras rien faire avec lui. Au contraire. Moi, je vais mettre mon Félix à Abidjan pour contrôler toute l'économie de nos colonies, et mon Léopold à Dakar pour gérer toute l'administration. Avec les deux, je tiens le continent par les c ... Ce sont des mecs avec nous. Je les connais. On a été à l'école ensemble et même en colonie de vacances, il m'est arrivé de dormir dans le même dortoir avec Léopold. Ce sont des poètes, je te dis. Des poètes catholiques. Ils n'ont rien de Toussaint Louverture, ce mec que Napoléon a promu Chef des armées à Saint-Domingue, pensant avoir son « homme », et c'est finalement lui qui a pété le cul à la France. Non ! Léopold et Félix n'ont rien de ces communistes et animistes que sont Lumumba, Mandela et N'Krumah. Donne-leur l'indépendance aux Congolais.

Enfin, tu vois ce que je veux dire !

- Baudoin n'avala pas ça :

- Mais, ce dont tu parles, ce n'est pas ça l'indépendance, Charles. Le Congo, c'est ma poule aux œufs d'or ! Il me rapporte en une année plus que tous ces Flamands et Wallons en deux siècles. Tu comprends pourquoi mon papa ne s'est pas bagarré pour avoir le Togo, la Haute Volta. Quand t'as le Congo, Charles, t'as la moitié du monde. Et tu veux que je cède ça aux Nègres ? Pourquoi tu ne me demandes pas de leur céder Fabiola ?

De Gaulle s'en fichait, que Baudoin cède sa Fabiola aux Africains ou à son laquais. Il sentit une vraie résistance du côté du roi, car en dehors de son palais, et de ce que lui racontaient ses pages, Baudoin ne savait rien ni de ses Belges, ni des Congolais. Il ne savait même pas où était le Congo sur la carte. Alors, De Gaulle décida de sortir l'argument massue :

- Baudoin, j'ai vraiment peur. Promène-toi un jour dans Bruxelles, jusque dans le quartier qu'on appelle Matonge. C'est la réplique exacte d'un quartier du Congo, où tu peux tout trouver, même les pièces de rechange d'une navette spatiale. Au cœur même de notre Bruxelles, à la place de nos huîtres, t'as des étalages de chenilles vivantes, mortes pourries ou séchées, de la viande de singe boucanée, on ne sait par quelle voie les singes arrivent ici, c'est à se demander ce que font nos douaniers ; notre saumon a laissé sa place à une espèce de poisson pourri venu du lac Kivu ou du Tchad ; partout, au marché, des étalages des têtes des serpents, des intestins des lézards, des dents des tigres et autres talismans. Baudoin, tous les trottoirs sont devenus des marchés : des chaussures, des lunettes de soleil, des frigos, des radios, des pantalons, des chemises, des slips, des soutien-gorges, tout d'occasion. Et de la rumba, le couper-décoller, à tue-tête dans chaque kiosque, un vrai bazar, ça va dans tous les sens, … N'attends pas que tout Bruxelles soit en boubous et en pagnes pour comprendre ce qui est en train de se passer. Tu me suis, Baudoin ? Fais semblant de négocier, juste pour l'histoire, et pour leur donner une stature, dont nous aurons besoin plus tard. De grâce, pas question d'aller au clash. Des Nègres, j'en ai déjà au Sénat et à l'Assemblée, dois-je attendre d'en avoir dans les ministères ? à l'Élysée ?

- - Tu te souviens, Charles, rétorqua le roi des Belges, on t'avait prévenu quand tu nous avais proposé de leur donner la nationalité à tous nos indigènes. On t'avait bien dit de faire attention, d'aller doucement, de leur donner la carte d'indigène, valable cent ans, renouvelable par tacite reconduction de père en fils. Cette carte ouvrait des droits à la pension, à la scolarisation de leurs enfants jusqu'au collège, et à l'accouchement des femmes à la maternité de l'hôpital public. Mais pas au droit de venir chez nous. Pas à la nationalité. Le code de l'indigénat, c'était pour qu'ils restent chez eux. Pas plus. Sur ce point, toute l'Europe était d'accord. Toi, t'as décidé immédiatement pour la nationalité française. Dans toutes les écoles, vous leur avez enseigné que leurs ancêtres étaient des Gaulois. Vous leur avez appris à aimer Paris, la France, et votre tas de ferraille d'Eiffel. Vous leur avez appris à admirer la Seine, eux qui ont le Congo, le Niger, le Zambèze, le Nil. Faut donc assumer ! Quand ils viennent chez toi, eh ben, ils viennent chez leurs ancêtres les Gaulois. Tu nous as même parlé d'égalité entre eux et nos citoyens, d'un niveau de vie égal. Cela voulait dire que notre niveau serait abaissé de moitié. Tes idées, Charles, ça ne passait pas pour nous. Tu ne nous as pas écoutés. Excuse-moi, mais vous les Français, vous êtes quand même de vraies têtes de con. Quand vous avez une idée dans vos boîtes qu'on appelle ailleurs têtes, il est impossible de vous faire entendre raison. Vous avez toujours les questions et les réponses à tout et il est toujours impossible de dialoguer vraiment avec vous, comme deux êtres doués d'intelligence. Dans vos têtes, y a que vous qui êtes intelligents. On a laissé faire, parce que vous nous avez trop emmerdés avec ça, mais on savait bien que cette histoire allait nous péter à la gueule un jour. Tu m'excuseras mon vocabulaire, un roi ne doit pas parler comme ça, mais que veux-tu ? Qu'est-ce que t'espérais en donnant une nationalité européenne à des polygames ? Y a que toi pour avoir de telles idées, Charles ! ... la condescendance, le mépris des autres, l'arrogance, voilà ce qui va vous tuer, vous les Français ! Vous êtes trop arrogants et imbus de vous-mêmes. Même la plus petite crotte de chat français veut donner des leçons au lion. Tous les problèmes actuels entre vous et le monde entier viennent de là. Vous n'écoutez que votre voix, alors que vous chantez mal ; vous ne connaissez qu'une histoire, celle que vous racontez ; vous prenez vos vessies pour la lanterne de l'humanité. C'est ça qui n'est pas acceptable. Et quand nous les Belges on vous dit qu'on n'est pas d'accord, vous nous traitez de mangeurs de frites et de moules. D'accord, on va garder nos moules et frites et vous, vous allez vous taper vos Nègres. Aujourd'hui, tu nous parles de leur donner l'indépendance. Et quoi encore ? Tu vas finir par ruiner définitivement notre Europe ! Personne ne voulait se mêler des affaires de ce continent. C'est vous les Français qui avez mobilisé toute l'Europe pour nous convaincre d'y aller, que notre avenir était là, que sans les matières premières dont il regorgeait, on allait au cassepipe. Nous vous avons suivis, même si c'est vous qui vous êtes taillé le plus gros morceau. Nous les avons évangélisés jusqu'à la moelle des os afin qu'ils ne se révoltent jamais contre nos injustices, nos missionnaires ont tout fait pour leur faire croire que les pauvres seront riches, car le royaume des cieux est à eux. Les Nègres avaient la terre. Nos missionnaires n'avaient que la Bible. Ils leur ont appris à prier les yeux fermés et quand les Nègres les ont ouverts, nous avions la terre et eux la Bible. C'est ça notre œuvre évangélique, le pilier de notre domination. Récemment, Charles, vous nous avez demandé de construire des chemins de fer pour désenclaver les campagnes. On n'a même pas encore fini. Voilà que vous venez nous raconter qu'il faut nous tirer. Est-ce qu'une tête de Français tourne dans le sens des aiguilles d'une montre ?

Faut dire que ce Baudoin s'est bien défendu, mais De Gaulle ne se dégonfla pas et lui répondit :

- Pour les chemins de fer, le projet officiel était de désenclaver les campagnes et de permettre aux villageois d'aller et venir jusque dans les villes. En réalité, on n'en a rien à cirer que les paysans viennent en ville à pieds ou à dos de chameau. Ce qui nous intéressait, c'était de désenclaver les minerais, les rapprocher de nous. Tu t'en souviens ? Nous les avons conçus afin qu'ils partent des régions minières vers les ports maritimes à partir desquels les cargaisons arriveraient à nous par bateaux. Le Chemin des fers des Grands lacs, que vous avez construits au Congo, c'était pour désenclaver les minerais du Katanga, du Kasaï et du Kivu, jusqu'au port de Matadi, pas pour le transport des Congolais. On n'est pas Caritas. Le chemin de fer djibouto–éthiopien, qui relie Djibouti à Addis-Abeba, c'était pour désenclaver les minerais de cette partie d'Afrique jusqu'au bord de la Mer Rouge et de là, jusqu'à nos ports. Le chemin de fer de l'Afrique de l'ouest, qu'on appelle ligne Dakar-Niger, qui traverse le Mali et le Sénégal, jusqu'au port de Dakar, c'était pour rapprocher l'or et l'uranium du Mali, le fer, le cuivre et le lithium du Sénégal de nos ports. Jamais le transport des paysans n'a été notre souci. On n'en a rien à foutre. On n'est pas dans le social, nous. Même une fois que nous serons partis, ce schéma restera toujours là. Ils ne seront pas capables de faire autre chose. Baudoin, je reconnais que je me suis gouré. Je pensais que leur donner la nationalité française, c'était juste une déclaration d'intention politicienne, tant que leur droit inaliénable restait intact. En ne touchant pas à leur polygamie et à leurs croyances, j'espérais qu'ils se contenteraient de dire qu'ils sont français et qu'ils resteraient définitivement dans leurs villages, attachés comme ils sont à leurs terres, à leurs femmes et à leurs dieux et qu'ils n'auraient jamais envie de venir s'emmerder avec l'hiver et devoir se contenter d'une seule femme et d'un seul Dieu.

- Ha ! c'est mal connaître ces bougres. Ils sont capables de prendre la Méditerranée à la nage ou sur un radeau en bambou, pour voir Paris, Bruxelles, Londres et mourir. Et s'il y en a un aujourd'hui, il y en aura dix demain. Comme tes Arabes d'ailleurs. Tu verras un jour ! ça nous pétera à la gueule. Nous en aurons tellement que... Moi, j'avais dit « non » à cette histoire de nationalité, on m'avait traité de tête de mule, de roi de cons. L'indigénat, avec interdiction de sortir de la commune sans visa du bourgmestre, c'était ça que je voulais et c'était déjà un grand privilège. Qu'ils t'emmerdent aujourd'hui jusqu'au Sénat, tu l'as bien cherché… Je verrai ce que je peux faire, Charles. Mais toi, comment feras-tu pour mon argent de poche, mon Congo, hein ! mon cuivre, mon cobalt, mon diamant, mon or, mon manganèse ? Non, Charles, tu me tues ! Je suis quand même le roi des Belges, et un roi des Belges sans le Congo n'est pas roi. Tu me tues, Charles !

-

Charles lui répondit :

- Non, Baudoin. J'ai fait le con une fois, mais pas deux. Je suis en train de monter des plans : des accords de coopération à faire signer le jour même de l'indépendance pour que nos intérêts soient sauvegardés, que notre argent de poche tombe toujours dans notre poche, quelle que soit la main qui l'y verse et cela pour des siècles et des siècles ! Faismoi confiance, cher Baudoin, je ferai en sorte que l'histoire continue, qu'ils aient le titre, et nous, la chose. Sinon, à quoi ça sert de leur donner l'indépendance.

- Amen ! répondit Baudoin ! Amen, Amen ! Que Dieu d'Abraham et d'Isaac t'entende ! Mais, c'est quoi encore cette histoire de coopération ? Vous nous aviez embarqué dans la colonisation. Dans quoi tu vas encore nous foutre ?

- Colonisation et coopération, c'est la même chose présentée autrement. Nous allons signer les décrets d'indépendance, avec des conditions que nous ferons passer pour des promesses d'amitié. Nous allons leur promettre de garantir leur sécurité, continuer à assurer l'éducation, la santé et surtout développer leur économie. Car ils en sont encore au point zéro ! Juste une promesse ! Ensuite, nous nous arrangerons pour placer au pouvoir des nègres à notre solde, nos hommes, qu'ils soient les gardiens de nos intérêts. Et crois-moi, nous en avons formés qui sont incapables de penser sans nous. Nous allons leur imposer un impôt sur l'indépendance, mettre la main sur les richesses, avoir l'exclusivité sur les matières premières, accorder la priorité à nos entreprises pour tous les projets, avoir l'exclusivité de la formation de leurs hauts cadres militaires, consolider le franc colonial, dépendant de la Banque de France. Il sera imprimé en France. En réalité sans notre franc, le franc africain ne vaudra rien, même pas le prix d'une feuille d'igname. Nous les obligerons à éduquer sous notre modèle et dans nos langues. Le Français, l'Anglais, le Portugais, l'Espagnol, l'Allemand resteront les langues de scolarisation. Pas question que leurs patois prennent la place de nos langues dans les écoles, nos écoles. Nous installerons de bases militaires chez-eux, officiellement pour les protéger, officieusement pour leur péter la gueule à la seconde même où ils l'ouvriront. Nous leur interdirons toute alliance avec un autre pays non européen. Le moindre pays qui osera marchander même une orange avec la Russie ou la Chine le regrettera pendant des siècles. Dans le fond, il n'y a pas de différence avec ce qui va leur arriver et ce qui est déjà, il n'y aura pas de différence entre leur passé, leur présent et leur futur. Et ça va continuer. Ils vont continuer à extraire leurs minerais et les acheminer vers nous. Aucune voie ne sera construite en dehors de ce schéma. On va vraiment leur serrer les couilles. L'indépendance nous libère d'eux pour toujours, les accords de coopération les enchaînent à nous à jamais ! C'est cela ma vision de l'indépendance africaine.

- Ah ! J'ai eu peur ! Je ne comprends pas très bien tout ça, mais je me dois de t'avouer que j'aime tes phrases : « qu'ils aient le titre et nous, la chose ». Ça c'est beau ! Je vais la faire graver et l'afficher partout dans les administrations. L'autre phrase, comment tu as dit ? « l'indépendance les libère et nous enchaîne, c'est ça »?

- Non, corrigea De Gaulle, amusé : « l'indépendance nous libère d'eux pour toujours, la coopération les enchaîne à nous à jamais ».

- Ah ! s'esclaffa Baudoin : « l'indépendance nous libère d'eux pour toujours, la coopération les enchaîne à nous à jamais ». Où as-tu trouvé ça, mon Charles ! Tu m'as fait peur. Là, tu me rassures ! L'histoire doit continuer ! Car je suis persuadé que sans cette Afrique, nous ne serons plus grandchose. Finalement, c'est nous qui dépendons d'eux, et pas l'inverse.

- Exact, affirma De Gaulle. Sauf que nous le savons, mais eux ne le savent pas. C'est l'avantage que nous avons encore sur eux. C'est notre secret. C'est là la différence entre les colonisateurs et les colonisés. La même différence entre Dieu et les hommes. Dieu sait que les hommes sont aussi puissants que lui, il sait que ce sont des dieux sur terre. Hélas, les hommes ne le savent pas et continuent à se confier à lui. Nous sommes des dieux, Baudoin ! Nous sommes des dieux ! Dépêchons-nous avant que les Nègres ne se réveillent. Et surtout : faisons en sorte qu'ils ne se réveillent jamais.

- Qu'ils ne se réveillent jamais !

Et ils raccrochèrent.

De Gaulle appela ensuite la reine d'Angleterre, surnommée en coulisses Bebeth, par certains, et Miss Business, par d'autres. Elle revenait d'une tournée de golf dans les Caraïbes. Le climat de ces îles lui convenait bien.

Elle écouta les idées de De Gaulle qui répétait : « J'ai peur ! Tirons-nous de chez eux le plus vite possible pour y rester longtemps encore. Déclarons leurs indépendances ».

La Reine l'écouta, car elle connaît bien ce Charles : quand il commence à parler, il ne faut surtout pas l'arrêter. Il faut le laisser aller au bout. C'est ce qu'elle fit. Elle lui avoua qu'elle avait vu venir. Avec N'Krumah. Qu'elle avait bien compris que les problèmes n'allaient pas tarder. Elle lui promit de se débarrasser de tout ce qu'elle avait sur le continent : le Cameroun, la Gambie, le Nigeria, la Sierra Leone, et même le Kenya, qui lui tenait autrefois à cœur. Tous avaient entonné des hymnes à la gloire de N'Krumah, en 1957. La Reine l'avait mal pris et si elle pouvait les jeter dans la fosse aux lions kenyans, elle l'aurait fait. Elle avoua même que l'idée de laisser les gens poursuivre leur route comme bon leur semblait lui était déjà venue. C'était cela qu'il fallait faire.

Parce qu'elle savait, elle, qu'un jour ou l'autre, il faudra bien s'en aller. Que chacun reste chez soi.

- Vous savez, Monsieur de Gaulle, je ne sais pas si c'était un hasard, ou une simple coïncidence, mais j'avoue que vous Français, vous êtes tombés sur des poètes, ou vous les avez ainsi fabriqués, je n'en sais vraiment rien. Vos Léopold, Aimé, Jean-Jacques, Félix, ce sont des poètes, des poètes romantiques. De surcroît des catholiques. Ils viennent à la table des négociations, avec des poèmes dans une main et des fleurs pour vos épouses, dans l'autre. Ils adorent Dieu d'Abraham, le vin et n'ont d'yeux que pour les femmes blanches. De vrais catholiques. Tant mieux pour vous ! Vous avez tout cela. Nous, je ne sais pas ce qui nous est arrivé. Je ne sais pas ce que nous avons fait au Bondieu pour tomber sur les durs. Comme vous dites dans votre langue, nous nous coltinons les Jomo Kenyatta, Keneth Kaounda, Nelson Mandela, Nkwame N'Krumah, Robert Mugabé. Croyez-moi, Monsieur De Gaulle, avoir Mandela en face, ce n'est pas de la tarte. Vous avez vu sa tête ! Jamais coiffé, barbe pas rasée !

À sa tête, vous voyez tout de suite à qui vous avez affaire. Sa troche n'a rien à voir avec celle de Monsieur Césaire ou Monsieur Senghor, poètes aux cheveux cirés, en vestes et cravates assorties, chaussures en cuir, parfumés à l'eau de Cologne ! C'est autre chose. C'est avec des machettes, des flèches empoisonnées que les nôtres s'adressent à nos gouverneurs ! Pas avec des sonnets et des balades. Pendant que ces gens attaquent nos représentants la nuit, qu'ils brûlent leurs maisons, leurs récoltes et sabotent toute notre œuvre, les vôtres sont dans des congrès d'écrivains et artistes à Paris, dans des hôtels parfumés et climatisés, à vos frais en plus ! Ce n'est pas la même chose, Monsieur de Gaulle ! Nous avons essayé la carotte, comme les inviter à dîner dans nos palais, en espérant qu'ils repartiraient avec nos filles comme épouses. Que n'avons-nous pas vu ! Soit ils déclinent l'invitation, soit ils viennent coutelas accrochés à la ceinture et poudres de poison dans les poches, prêtes à l'emploi. Durant le repas, tu as un œil sur ton assiette et un autre sur eux ! Et tu surveilles les mouvements … Avec ça, tu pries pour que tu sortes vivant de cette table et surtout, tu ne refais plus jamais de dîner avec eux. Nous avons aussi tenté le bâton et même pire, la prison à vie ! Ça les rendait dix fois plus forts. Regardez Mandela ! Je pensais que la prison lui fermerait la gueule et calmerait son clan. Que non ! Il est plus populaire qu'avant. Là, je ne sais pas si je dois le garder en prison ou le libérer ! Chaque matin, je prie même pour que rien ne lui arrive dans cette prison. Tu t'imagines ce qui arriverait s'il tombait malade et qu'il y mourait ? De temps en temps, je me dis qu'il faudra bien le libérer un jour. Mais je sais qu'à peine sorti de prison que le monde entier le réclamera comme souverain de ce pays. Et moi, je deviendrai quoi ? L'autre, N'Krumah, m'a donné une sacrée leçon. Il a chassé mes gouverneurs. Il était prêt à m'étrangler. Aussi, je me suis délestée de la Côte d'Or. Je ne vais pas perdre un seul bataillon armé pour tout l'or du monde ! J'ai donc trouvé des arrangements ! J'ai décidé de m'en aller pendant qu'il était temps. Nous nous sommes serré la main. Ils viendront chezmoi, je les recevrai. Je ne pense pas qu'ils reviennent avec des coutelas et des poudres de poison. Si un jour je dois me rendre chez-eux, ils me fêteront pendant trois jours. Monsieur de Gaulle, laissez-les chez — eux, et restons chez — nous, pour que les retrouvailles, un jour, soient possibles. Pacifiques, peut-être pas. Simplement « possibles ». Si vous ne le faites pas maintenant, un jour ou l'autre, ils vous mettront dehors, jusqu'au dernier, sans ménagements. Ils vous interdiront tout retour. Ce sera dur. Très dur. C'est cela que vous voulez ? Allez-vous-en, Charles, pendant qu'il est encore temps ! Qu'est-ce que vous avez à rester chez les gens qui ne veulent plus de vous ?», conclut-elle.

Elle, elle avait abandonné une grande partie de ses colonies. Mais elle s'arrangea avec les autochtones pour garder, jusqu'après mort et même à sa résurrection, toutes les îles, calmes et voluptueuses, où, en plus, on chantait mieux qu'à Londres « Longue vie à la Reine ». Sainte-Lucie, Les Bahamas, les îles Caïmans ! C'est là qu'elle planquait les bijoux de famille. Elle a tellement bien fait les choses en douce que ses anciennes colonies ne lui en veulent pas et acceptent de verser un pourcentage substantiel à la Couronne à chaque transaction entre elles. Business is business ! Pas bête, la Reine !

Ils se félicitèrent de ces échanges et raccrochèrent.

Pour ne pas paraître sectaire, et pour bien afficher l'esprit européen dont il se faisait le grand chantre, De Gaulle appela tout de même Francisco Lopez, du Portugal, qui détenait aussi de grosses parts en Afrique. Il lui dit la même chose. Francisco Lopez lui raconta qu'il avait tout rétrocédé. Qu'il lui restait le Dahomey et l'Angola. Il accepta de céder le Dahomey, mais s'opposa catégoriquement à l'idée de donner une indépendance à l'Angola. « Ah non, Carlo ! Autant crever vivant. On nous a déjà arraché le cœur avec le Brésil, et là tu veux nous arracher les poumons. L'Angola, c'est nos poumons. Nous ne survivrons pas à sa perte. Ils peuvent venir chez nous comme ils pourront, parce que leur or, leur cuivre, leur diamant, leur manganèse, voilà ce qui fait que ce Portugal est toujours Portugal. Carlo, nous on est clair ! ».

De Gaulle pensa appeler le Tsar de Russie, ne serait-ce que pour savoir s'il avait changé d'avis. Le Tsar était totalement contre de Gaulle à qui il reprochait son impérialisme. Il ne manquait jamais une seule occasion pour rappeler aux Africains que leur continent était cent fois plus riche que l'Europe, mais cent fois plus pauvre en développement, qu'il suffisait qu'ils aient leur propre monnaie et les rapports seraient inversés. Or pour De Gaulle, et pour tous ses fidèles, pas question de laisser les colonies avoir leur propre monnaie : cela relèguerait la France au 20ème rang mondial, elle qui briguait au pire le dernier carré. Le Tsar était offusqué de voir un pays comme la France, qui pouvait rentrer dans le Gabon plusieurs fois, s'arroger tous les droits sur tout un continent. Il faisait tout pour saper la mainmise sur l'Afrique. Il donnait mille bourses d'études là où la France en promettait cent en janvier pour n'en donner que dix en juillet. Il voulait construire des usines, là où la France envisageait de construire une épicerie. Il voulait des universités, pas des consulats. Pour Charles, ce n'était donc pas sur ce type qu'il fallait compter.

Après ce tour d'Europe, De Gaulle était furieux comme la foudre. Il ne savait plus s'il était dans le passé, le présent ou le futur. Des pensées se bousculaient dans son esprit, les unes appartenant à ses prédécesseurs, les autres à ses contemporains ou à ses successeurs. Qu'importe, l'avenir éclaircira tout cela.

Or, chaque fois qu'il était dans cet état, il descendait à Colombey-les-deux-Eglises, voir Tata Yvonne. Il n'avait pas de maîtresse ni à Paris, ni dans les châteaux de la Loire. Il avait beau être fougueux, mais Charles n'avait rien de ces présidents qui ont femme, amantes et maîtresses à gauche et à droite, dans tous les coins de l'Elysée. On l'avait suspecté d'avoir eu un petit quelque chose avec sa femme de ménage, une jeune mauricienne, bien potelée, à cette période où les colonies d'Outre-mer étaient pourvoyeuses de femmes de ménage à Paris. Mais ça c'était avant, car une fois Chef de l'État, son univers, c'était Tata Yvonne et la République. Elle aussi, c'était comme ça. Son Charles depuis la Maternelle, jusqu'à sa mort.

Il descendit donc à Colombey-les-deux-Eglises, voir Yvonne, baisser la pression.

A peine avait-il embrassé Tata Yvonne qu'il se mit à tempêter :

- Hein, ils n'ont rien compris. Je leur dis que les Nègres et leur Négritude sont dans nos murs, je leur annonce que la fin de notre règne approche, ils me parlent de leur argent de poche, de leurs bijoux de famille, espèces de... cons. Je leur propose de mettre nos hommes en place, ils n'entendent pas grand'chose. Félix, c'est un bon copain, Léopold, c'est un bon copain. Les Blaise, Aimé, Jean-Jacques... ils connaissent notre vin mieux que nous. Ils parlent le français mieux que nous-mêmes. Ils ont épousé nos sœurs, nos filles, hein ! Ils reconnaissent notre fromage parmi trente-six mille autres. En plus, ils sont chrétiens. Avec eux, on pourra traiter, négocier, coopérer, parce qu'à part nous, ils ne connaissent personne d'autres. Nous sommes les mêmes, bonnets blancs, nègres benêts. Par contre, ces fous de Sekou Touré et autres Modibo Keita qui fricotent avec les Russes, ils vont nous mettre dehors, expurger nos langues de leurs programmes scolaires, créer leurs monnaies. Tu t'imagines, s'ils enseignent dans leurs langues, et s'ils ont leurs monnaies, ça veut dire aussi qu'ils seront leurs propres maîtres. Et nous alors ? Nous serons les esclaves de qui ? Hein, dis-moi, Tata, est-ce qu'une cervelle de roi et de reine ne peut pas comprendre ça ? Soit on se bouge le cul, soit je me tire.

Là, Tata Yvonne, qui jusque-là n'avait fait que l'écouter

— car c'est comme ça qu'elle gérait son Charles — déposa ses laines, tricots, fils et aiguilles et intervient :

- Charles, je t'arrête, dit-elle. Tu te tires pour aller où ? Tu veux que je me retrouve encore une fois sans cuisinier, sans chauffeur. Que je lave moi-même tes uniformes et tes grosses bottes à la main. Un jour de lavage par botte ! Et comme tu as la manie de traînailler partout, que je passe mes semaines rien qu'à laver et à faire à manger. On ne va pas faire le con. Eux, les Bebeth et les Baudoin, ils sont là depuis des décennies de père en fils ou en fille et ils n'ont pas l'intention de s'en aller, quoi qu'il arrive. La mémé de Londres, je vais te dire : Tu la vois comme ça en chapeaux et en robes sacs, mais c'est une femme d'affaires hors du commun : elle a des domaines et résidences, qu'elle loue à son propre pays ; elle a des centres commerciaux dans les grandes villes où on ne vend pas des fruits et légumes du pays, mais des marques de montres, de bijoux, de vêtements ; elle a des chevaux de course, et il faut payer en or pour les voir trottiner. La tour de Londres, c'est elle qui en perçoit les versements. Elle élève des canards et même des chauvesouris ! Tu sais combien lui rapportent les anciennes colonies ? Tu sais combien lui verse le gouvernement sur les impôts des anglais ? Elle dort sur l'or, la mémé. Elle roule sur l'or, la mémé. Et toi ? tu as quoi, hein, dis-moi ! Tu as quoi ? J'ai beau faire le tour de la maison, ce qui ne me prend que deux minutes, et que vois-je ? Que des babioles de guerre. Rien que ça : ta Croix de Guerre de 14-18, ta plaque d'identité militaire, les décorations de ton grand-père : sa Croix d'Officier de la Légion d'honneur, sa médaille de Guerre de 1870, ton coffret à cigarettes que t'ont donné les Anglais et, par-dessus tout, tes bottes qui trainent partout. Quant à moi, je n'ai rien, à part ma chatte et mon chien. Rien dans le garage, même pas un 2 CV alors que la mémé a des voitures de collection, elle qui n'a même pas de permis de conduire ! A ta mort, tu me laisses quoi ? Charles, t'as choisi de travailler pour la gloire, alors, vas-y. Cours ! Vole et … arrête de me gonfler. Toi, pour un oui ou un non, tu fous tout en l'air… Tu veux te tirer, pour aller où ? En Amérique ? Tu n'as rien, même pas une cabane de berger. Ne comptes pas sur moi pour aller vivre en Islande, dans ta soi-disant famille. J'en ai marre de cette grisaille et j'ai pas envie de me taper tes vieux oncles. Ici, tu représentes la Puissance et la Gloire pour les siècles des siècles ! Tu es la Puissance et la Gloire, mais tu te comportes comme un enfant gâté. Si tu te tires, je te jure, Charles, cette fois, écoute-moi bien, si tu te tires encore de l'Élysée, c'est moi qui prendrai mon indépendance. Pas seulement les Nègres. Crois-moi, je ne plaisante plus. Quand tu te verras en train de laver tes bottes et tes uniformes, sans manger, et sans baiser… Oui, sans baiser ! Car, à partir de maintenant, tu ne me touches plus … Si tu tiens à me garder, retourne à Paris, va dire à ces gens que tu les as compris. Estce que c'est compliqué ça, Charles ?

Faut pas croire ! Cette Yvonne, elle avait l'air doudouce, mais quand elle parlait, Charles exécutait. Parfois, même quand De Gaulle ne voulait pas trop manger, elle disait en lui fixant les yeux : « mange ta soupe, Charlie, je me suis tapée les oignons à en pleurer que tu ne peux pas ne pas manger cette soupe ». Et De Gaulle mangeait sa soupe. La vie, c'est comme ça. Les Sénats, les Assemblées nationales, c'est comme ça. C'est la représentation théâtrale grandeur nature de la pièce qui se monte sur l'oreiller et de la main d'une femme, qui parfois fait à peine un mètre cinquante. Quand il a dit, sous forme de boutade, que derrière chaque grand homme, il y a toujours une grande femme, il savait bien de quoi il parlait.

Il grimpa dans sa voiture en bougonnant – De Gaulle bougonnait tout le temps — et retourna à Paris. Dans la colère avalée et la précipitation, il en oublia son képi de général à Colombey. De toutes façons, ce n'était plus un secret pour personne. Quand De Gaulle était en colère, il oubliait beaucoup de choses, y compris les bonnes manières ; il oubliait le protocole, voire carrément le bon sens ; il se levait en pleine séance, comme un vulgaire type, claquait la porte. C'est ainsi qu'à Pointe noire, mécontent que Sékou Touré lui ait réclamé carrément l'indépendance, et pas un simple département français, il s'était levé et avait quitté la salle, en maugréant : « vous l'aurez votre indépendance et par le cul, mon petit bonhomme, mais elle vous sortira par vos grosses narines ». En sortant, il avait oublié son célèbre képi. Il paraît qu'Houphouët-Boigny s'était chargé de le lui ramener en personne à Paris, dès le lendemain. Les autres, indignés par ce comportement d'enfant gâté ou de papa arrogant, avaient simplement proposé de balancer ce vieux képi colonial dans un caniveau ou le donner aux rats.

De Gaulle repartit donc de Colombey et retourna à Paris. Pendant tout le trajet, il se tortura pour savoir comment il allait donner le titre aux Africains et garder la chose. L'histoire doit continuer. Et comment péter le cul à tous ceux qui oseraient compromettre ce projet de coopération. L'indépendance et la coopération : deux faces d'une seule et même pièce. Deux temps d'une même histoire. Il ne voulait plus commettre l'erreur de Napoléon en Haïti ...

- 1801 ! L'indépendance haïtienne. Et cette guerre atroce ! Comment en était-on arrivé là ?

- Toussaint Louverture avait été placé à la tête de la colonie pour protéger les intérêts de la France ! Il commit trois crimes, aux yeux de la Napoléon Bonaparte. Alors que cette dernière avait l'exclusivité sur le café et le sucre d'Haïti, Toussaint Louverture ouvrit ce marché aux Etats-Unis, sans permission ; ce qui dérangea la balance commerciale française et fût reçu comme un affront. Ensuite, il osa, ce

Toussaint Louverture, abolir l'esclavage dans la partie espagnole de l'île. Enfin, ô ultime crime, il rédigea la constitution haïtienne. Tout cela sonna aux yeux et aux oreilles de la France comme une déclaration unilatérale d'indépendance. Chose inacceptable ! L'armée napoléonienne débarqua donc, mais fût mise en déroute ! 1801 ! La plus puissante armée de l'époque ! Malgré sa défaite, la France ne voulait pas quitter Haïti. Elle exigea par tous les moyens le retour d'Haïti sous sa domination. N'y étant pas parvenue, elle réclama 150 millions de francs pour dédommager les colons ! C'était la condition pour qu'elle reconnaisse l'indépendance. Pour faire pression, elle avait demandé et obtenu auprès de ses partenaires occidentaux — qu'on appelle aujourd'hui « la communauté internationale » — de ne pas reconnaître Haïti tant que celui-ci ne se serait pas acquitté de sa dette. Cette communauté internationale de l'époque se limitait en fait aux expansionnistes que sont les Etats-Unis, l'Angleterre, la France et l'Espagne qui avaient des colonies sur tous les continents. Cela dura vingt-quatre ou vingt-cinq ans. Pour s'en sortir, du moins l'espérait-il,

Boyer, alors Président, sous pression, accepta de signer l'accord de payer, espérant ainsi être délivré de la France. C'était en 1825. Après d'âpres négociations, la dette a été ramenée à 90 millions de francs (hors intérêts !). Et qui pis est, la France exigea qu'Haïti ne s'endette auprès d'aucune autre banque, sinon française ! Double peine, double dette, comme disent les historiens : Haïti s'endetta pour dédommager la France, Haïti s'endetta pour payer les intérêts de la dette aux banquiers français. Une spirale infernale qui va tenir le jeune pays à la gorge pendant 125 ans, c'est-à-dire tout le XIXème siècle. Les Haïtiens finirent de payer le capital de la dette en 1883, et les divers emprunts et intérêts en 1952. La France contrôla donc l'économie haïtienne près d'un siècle et demi. En résumé, Haïti est rentré dans la modernité, endetté.

Mais ce n'est pas tout. Cette petite île devenait le symbole de liberté et sa victoire sur le colon français commençait à inspirer beaucoup d'autres peuples à un point tel que des demandes d'aide dans le combat pour la liberté venaient de divers coins du monde. Haïti accueillait des révolutionnaires latino-américains qu'il soutenait logistiquement, et financièrement. Ainsi, Haïti a soutenu la lutte vénézuélienne contre la domination espagnole, entre 1806 et 1815. Fait hautement symbolique, c'est dans le sud d'Haïti, à Jacmel, que fut réalisé et hissé pour la première fois le drapeau du Venezuela. Les Grecs, qui se battaient contre la domination de l'empire Otoman, la Turquie de l'époque, abandonnés par leurs partenaires européens, sollicitèrent Haïti. Boyer leur répondit favorablement. Cependant, ruiné financièrement par la guerre et par le coût d'annexion de la partie voisine, l'actuelle République dominicaine, Haïti leur envoya 25 tonnes de café, afin de s'acheter les armes nécessaires au combat.

Haïti dérangeait et inquiétait. Une nation d'anciens esclaves noirs qui avaient osé défier l'ordre mondial dans les mains des États-Unis, de la France, de la Grande-Bretagne et de l'Espagne, des nations qui maintenaient encore l'esclavage ; Haïti était devenu alors un modèle qu'il fallait aliéner par crainte de mouvements similaires dans leurs propres possessions.

Il fallait donc isoler, faire la peau à cette fille rebelle, l'empêcher par tout moyen de continuer à soutenir ces vagues de liberté. Il n'y avait pas trente-six mille solutions, il fallait frapper là où ça ferait mal : l'économie.

Haïti produisait alors plus de la moitié du sucre et du café mondial. Ladite communauté internationale ne trouva pas mieux que de déclarer son café impropre à la consommation. Aussi, plus un importateur n'acheta le café haïtien. Le sucre fût également saboté, au profit du sucre dominicain, martiniquais, guadeloupéen. Voilà comment Haïti sombra.

De Gaulle ronchonnait toujours.

- Je ne veux pas d'Afrique indépendante, moi. Je veux une vache à lait. Pauvre, mais vache à lait. Je vais l'immoler comme Haïti sur l'hôtel de la pauvreté et de la mendicité. Haïti et ses Haïtiens paient encore et paieront longtemps pour avoir osé montrer le chemin de la liberté. Leur montrer où ça mène de vouloir changer l'ordre du monde : à la misère ! une misère sans fin…

Comme il maugréait à voix haute, son chauffeur s'autorisa à intervenir :

- Mais je pensais que ce sont les Duvalier qui les avaient appauvris ! glissa son chauffeur.

- Non. Les Duvalier, c'est notre fabrique à nous. C'est nous qui les avons créés. Ils étaient bien, comme beaucoup de gens avant de goûter à l'argent et au pouvoir. Mais, après avoir tout essayé, nos prédécesseurs les ont placés au pouvoir et leur ont tendu de l'argent afin d'expérimenter une autre forme de gouvernance : le bordel politique. Nos technocrates l'ont appelé la dictature. Ils sont venus au pouvoir en libérateurs, selon eux, mais ils furent des dictateurs de renommée mondiale. C'est ça que nos aînés voulaient. Un truc qui se fonde sur les coups d'états militaires, les détournements, l'instabilité, les guerres de pouvoir. J'avoue que l'expérience haïtienne est concluante. Nous poursuivrons l'expérience grandeur nature dans nos colonies en Afrique : le bordel politique comme forme de gouvernance pour une décadence programmée. On verra ce que ça donnera.

Il se dit que l'histoire est là pour donner de leçons au présent et dire attention à l'avenir.

De retour à l'Élysée, il enfila ses habits de général, convoqua son gouvernement manu militari, tous les représentants des colonies, les radios ainsi que la presse écrite du monde entier. La garde présidentielle entonna la Marseillaise, il gravit les trois marches du pupitre présidentiel, leva ses mains de géant au ciel et clama à la face du monde : « Peuples des colonies, je vous ai compris ! ».

C'est tout ce qu'il a dit. Puis ils signèrent les décrets des indépendances et les accords de coopération. Dans une euphorie sans pareil.

Les peuples des colonies applaudirent des années et des décennies ! Ils burent. Ils dansèrent. Ils mangèrent. Ils forniquèrent. Ils fêtèrent les indépendances. Au réveil, ils se mirent à rebaptiser les rues, les aéroports, les stades, les écoles, les avenues, des noms de leurs héros des indépendances. Aéroport Sédar Senghor ici, boulevard Houphouët-Boigny là, stade Léo Mba, Place Modibo Keita, etc. Sans oublier de graver çà et là, chaque fois que possible, en lettres d'or, le nom de celui qu'ils considéraient comme le Père des indépendances : Charles de Gaulle !

C'est ainsi que chaque ville tropicale, chaque commune, chaque petit trou a son avenue, son boulevard, sa place Papa Charles de Gaulle.

Voilà, mon cher Rasta, ton histoire de Charles De Gaulle et son Afrique qui n'arrive même pas à fabriquer un rouleau de papier-cul ! Tu exagères quand-même de penser ça ! Mais bon ! Ma mission est terminée. Et si tu n'es pas content, tu reprends ton De Gaulle et tu le réécris comme tu voudras. A ton tour de me raconter ton histoire de sans papier haïtien venu chercher la vie et qui a trouvé misère grandeur nature. Je verrai ce que je peux en faire. Mais je ne te promets rien.

Je t'avais prévenu : je ne suis pas romancier.

-

3

Rasta … ou la survie sans papiers

Il faut donc que je vous parle de ce type qui entre dans mon bureau et me commande un livre sur De Gaulle ou sur l'Afrique des Africains qui n'arrive pas à fabriquer du papiercul ! Il va et vient librement sur le campus depuis quelques années, si bien qu'il en est une des figures marquantes ! Comment est-il arrivé là ?

- Mon vrai nom, c'est Hector. Hector- Achille Vertueux. Cependant, tout le monde m'appelle Rasta à cause de mes locks, de mon bonnet aux couleurs de l'Ethiopie. Je suis haïtien. Et fier de l'être. J'ai atterri en Guyane, il y a bientôt une dizaine d'années. A cause de mon oncle. Il me demandait, depuis plusieurs années, de quitter Haïti. D'aller chercher la vie ailleurs, comme tous les autres. Quitter Haïti ? Jamais ! Pour moi, il n'y a pas mieux qu'Haïti sur cette terre. Avec le temps, et à l'usure, mon oncle a fini par m'avoir :

« *Hector, ou pa dwe rete nan peyi bandi sa. Vini nan Lagwiyann. Isit la, omwen, ou ka espere wè pitit ou ak pitit pitit ou yon jou. Isit la, ou ka etidye ak jwenn yon travay. Ayiti, pa bon. Pa bon mèm. Pitit mwen yo jodi a nan lekòl, pi*

93

gran fi mwen an nan livèsite an Fans, koté Amien. Sé kolektivite tèritoryal guyann ka péyé pou li. Pi pitit sè li a pral genyen bakaloreya " Gaston Monnerville". Li pral ale nan peyi la Frans tou. Kote mwen ta jwenn sa nan Ayiti? Vyolans ak kidnapping patou nan peyi a. Hmmm!!! m pa wè lespwa pou jenn yo, menm lekòl ak linivèsite yo preske paka ale ankò. Ou pa dwe pi koulyon pase koulyon, Hecto » Traduction :

« Hector, tu ne dois pas rester dans ce pays de bandits. Viens en Guyane. Ici au moins, tu peux espérer voir un jour tes enfants et petits-enfants. Ici, tu pourras étudier et avoir un travail. Haïti, c'est pas bon. Mes enfants sont aujourd'hui à l'école, ma fille aînée est à l'université à Amiens, grâce à une bourse de la collectivité territoriale. Sa cadette va avoir le bac au lycée Gaston Monnerville. Elle ira en France aussi. Où estce que j'aurais eu ça en Haïti ? La violence et les enlèvements, ça tue tout dans le pays. Hummm, je ne vois pas d'espoir pour les jeunes, même les écoles et les universités sont presque inaccessibles. Tu ne dois pas être plus couillon que le couillon, Hector ».

- Mes parents aussi voulaient que je quitte Haïti, qui pour eux est un enfer de pays. Que j'aille n'importe où. Moi, pour rien au monde, je ne voulais quitter le pays de Dessalines. Ou alors, si cela devait arriver, ce serait pour le

Canada ou les Etats-Unis. Et pour des études. Ça oui ! Quitter la perle des Antilles pour des trous à rats, jamais ! Donc j'étais là ! je militais dans mon université d'Etat d'Haïti avec une bande de copains pour conscientiser les jeunes. Leur expliquer que Haïti avait besoin d'eux. De sa jeunesse. Qu'on ne pouvait pas laisser toute la place aux corrompus et aux bandits. On leur disait qu'il fallait résister. Que même si nous mourions chacun de son côté, un Haïtien ne meurt pas. Ou mourir pour mourir, il valait mieux que ce soit sur la Terre de Pétion, de Boyer, de Dessalines. Voilà notre message. Et ça passait ! Mon oncle continuait à me répéter que si je voulais réaliser mon rêve, il fallait partir. Mon rêve à moi, c'était être ethnologue. Pour lui, je n'avais rien à attendre d'Haïti. Que si je voulais bien un jour aider ma mère et mon père, il fallait bien partir. Ça, ça m'avait touché. Partir, oui ! Mais où ? Y a pas un seul pays au monde qui voulait des Haïtiens. Tous les pays du monde s'organisaient par blocs régionaux ou économiques : états d'Amérique du nord, états de la Caraïbe et d'Amérique latine, Union européenne, Union africaine, CEDEAO, etc. Haïti faisait des demandes pour adhérer à ceci ou à cela. A l'Union africaine : négatif. Aux Etats d'Amérique du Nord : négatif. A l'OTAN aussi, dit-on : négatif … Et même la grande blague, une demande d'adhésion au club des Pays Producteurs de Pétrole : négatif. A celui des Pays lanceurs des fusées : Négatif. Personne n'en voulait. Avec le temps, les pays de l'Amérique latine avaient fini par accepter la candidature d'Haïti dans le CARICOM, grâce à l'insistance du Venezuela d'ailleurs.

- Tu connais l'histoire du Venezuela et d'Haïti ? qu'il me demande.

- Non, que je réponds.

- En ben, le pays de Chavez n'a jamais oublié que c'est grâce à Haïti qu'il a eu son indépendance. Le drapeau du

Venezuela a été cousu à Jacmel. Haïti a formé des militaires, fourni des aides matérielles et une expertise aux Vénézuélien dans leur lutte contre le colonisateur. Ça, le Venezuela ne l'a jamais oublié. Il s'en est bien rappelé auprès du CARICOM et a soutenu fortement la candidature d'Haïti. Le CARICOM, c'était la libre circulation, une aubaine pour les Haïtiens. Car ils pouvaient désormais aller et venir dans toute l'Amérique du sud sans visa. Chose jusque-là impossible. Même notre sœur ennemie, la République dominicaine, exige un visa aux Haïtiens. Ingrate. Elle a oublié qu'à l'époque de la colonisation et de l'esclavage, c'est Toussaint Louverture qui a aboli l'esclavage dans cette partie de l'île et qu'en conséquence, si Haïti est dans la merde aujourd'hui, c'est que tous les pays colonisateurs lui en veulent d'avoir ouvert les yeux aux autres. C'est en Haïti que le Nègre a crié UHURU pour la première fois.

En disant UHURU, ses yeux brillaient. Il avait le poing droit serré et levé. Puis continua :

- C'est ça que le peuple haïtien paie depuis 1801 jusqu'aujourd'hui : son esprit de liberté. C'est ça que le Venezuela a mis en avant : *Haïti, petite île, Grande nation*.

La France était farouchement opposée à l'adhésion d'Haïti au CARICOM. Les gens se disaient : « *Mais, c'est quoi ça ? de quoi se mêle-t-elle ? Est-ce qu'un pays latino s'est déjà opposé à l'adhésion d'un pays européen à l'Union européenne ? Impérialiste ! Colonialiste ! Mêle - toi de tes fesses et fous-nous la paix.* » Le simple fait que la France s'en était mêlée a produit l'effet inverse et motivé tous les antiimpérialistes et anti français à pousser pour l'adhésion d'Haïti. Aussi, pour prouver à la France que ce n'était pas ses oignons, les pays du CARICOM, pourtant au départ opposés, ont fini par accepter l'adhésion d'Haïti.

A cette époque, moi-même je n'avais pas bien compris pourquoi la France s'en mêlait. Avec le temps, j'ai compris. Pour la France, la libre circulation entrainerait une vague d''immigration et c'était cela l'enjeu de sa position. Les dirigeants français avaient compris que dans la quête du mieux vivre, il suffirait à un Haïtien d'arriver dans n'importe quel pays frontalier de la Guyane française et le tour était joué. Pour venir en Guyane française, il suffisait de prendre l'avion jusqu'au Surinam, au Guyana ou au Brésil sans visa et à partir de là, traverser les fleuves et la forêt et atterrir en Guyane. Une fois sur place, on verrait. C'était cela la peur de la France. Moi, j'avais rien compris.

J'ai donc acheté mon passeport. J'ai pris l'avion à Port-auPrince, direction Paramaribo. Sans visa. Mon oncle m'avait envoyé le billet d'avion en me décrivant l'itinéraire. « *Ou pral rive nan Paramaribo nan nwit. Ou ap pran yon taksi jiska Albina. W'ap pran 1è nan wout. Mwen ap la. Aprè sa, nou ap pran yon piwòg ki prale nan direksyon*

"Charbonnière". Pa la dwann non . Fòk ou evite la dwàn. Men, nan lè sa a, dwanye yo ap dòmi. Se fonksyonè yo ki kòmanse travay a 8è. »

Traduction : *Tu arrives à Paramaribo la nuit. Tu prends un taxi jusqu'à Albina. La nuit. Je serai là. Pirogue direction la charbonnière. Surtout éviter la douane. Mais à cette heure, les douaniers seront entrain de dormir. Ce sont des fonctionnaires. Ils reprennent le travail à 8 heures du matin.*

Parti de Port-au-Prince, tôt dans la journée, avec escale à Georgetown, à destination de Paramaribo, j'ai suivi à la lettre les consignes de mon oncle, jusqu'à Albina, en face de SaintLaurent du Maroni. J'y suis arrivé vers les 4 heures du matin.   La traversée du fleuve en pirogue ne posa aucun problème. Malgré la nuit, c'était une heure de grande circulation des pirogues entre les deux pays. La douane française n'effectuait aucun contrôle entre la tombée de la nuit et le lever du jour. Elle n'avait pas encore d'équipement pour effectuer les rondes nocturnes, même pas une pirogue. Pour se faire attraper, il fallait vraiment le chercher. Les policiers et les passeurs le savaient. Ils naviguaient tranquillement entre les deux rives, s'éclairant de lampes torches ou simplement de leurs téléphones portables. Il fallait juste éviter de débarquer devant la douane. Avec toute la place de part et d'autre, à quelques mètres… A Saint-Laurent, mon oncle m'embarqua à bord d'un taxi et nous avons filé rapidement vers Kourou, où il résidait. Il fallait contourner la douane d'Iracoubo avant le lever du jour. Là, non plus, les quelques douaniers français en poste n'avaient aucun moyen pour surveiller les passages nocturnes. Ce pays est vraiment une passoire.

Nous voilà à Kourou au petit matin. La maison de l'oncle n'était pas grande. Juste trois chambres. Une pour les parents, une autre pour les trois filles et la dernière pour les quatre garçons. Je dormais donc avec mes petits cousins, entre 3 et 15 ans. On est en famille. Une nouvelle vie commençait.

Pour moi, je suis venu étudier l'ethnologie. J'avais commencé chez moi trois ans plus tôt, j'étais en licence 3, mais à cause des grèves répétitives, des blocages, qu'ils appelaient « peyi lock », je n'ai pu valider qu'une seule année. C'est la vie là-bas !

Dans la semaine même de mon arrivée, j'ai pris des renseignements. Je suis allé à l'université de Guyane et là on m'a appris qu'il n'y avait pas d'études d'ethnologie. On m'a parlé d'Anglais, de Lettres, de Mathématiques, de Droit, d'Histoire et un tas d'autres choses qui ne m'intéressaient pas. Je ne pouvais pas quitter Haïti pour venir faire ça ici, quand même ! Ce jour-là, j'ai songé tout de suite à retourner chez-lui. Mon oncle ne voulait rien entendre : « *"Si ou vle retounen Ayiti, ou konnen chemen an. Ou ap peye biyè avyon ou, ou moute nan yon bis jiska Paramaribo, epi ou moute nan avyon an, konsa ou a rejwenn bandi yo nan Grand Ravin. Men, si ou vle rete isit la, chita ak mwen pou nou pale. Vini isit la se yon bagay, rete la se yon lòt bagay", tonton li ki di li pawòl sa.*

Traduction : « Si tu veux retourner en Haïti, tu connais le chemin. Tu paies ton billet d'avion, tu montes dans un bus jusqu'à Paramaribo, tu montes dans l'avion et tu retrouves tes bandits de Grande Ravine. Mais si tu veux rester ici, assieds – toi et on cause. Venir ici est une chose. Y rester est autre chose », lui avait dit son oncle.

Après des jours de discussions, on m'a fait comprendre comment ça allait se passer. Il me fallait un titre de séjour. Le titre de séjour est la pièce maîtresse de la vie d'un étranger sur le territoire français. Et pour l'avoir, il fallait présenter un dossier bien monté pour la préfecture. Justifier qu'on était inséré en prouvant qu'on étudiait, qu'on se consacrait à une association, qu'on avait de la famille installée depuis de longues années. Prouver qu'on avait les moyens de subsistance. Avoir un conjoint français, ou un enfant né sur le territoire et justifier que ce n'était pas un mariage blanc. Tout cela demandait du temps. On ne fait pas un enfant français en quelques mois. Surtout, tout le monde me conseillait l'adhésion à une église. Moi qui, jusque-là, avait échappé aux harcèlements des Témoins de Jéhovah, aux Evangélistes, aux Pentecôtistes, aux Mormons, aux marquages à la culotte des Protestants, des Adventistes, des Saint-Esprit et à toutes ces églises sans queues ni têtes dans tous les coins des rues en Haïti, me voilà dans l'Eglise de Jésus-Christ Notre Seul Sauveur de Kourou, celle de mon oncle, devenu pasteur, un simple revendeur de fruits et légumes au marché, converti en pasteur. Il avait fini par fonder son église et coopté une bonne centaine de fidèles, puisqu'il n'était pas seul dans le quartier à avoir compris que beaucoup de brebis étaient égarées dans Kourou et qu'il fallait les ramener à Dieu. Son affaire marchait bien. Il m'a raconté qu'il voulait aussi ouvrir une école qui fonctionnerait le matin dans le local dit « église ». Là, le rectorat, le maire, le préfet, les syndicats, l'association des parents d'élèves, tout le monde lui a dit « *Stop. Trop c'est trop. Ouvrez vos églises autant que vous voudrez. On est dans une république démocratique. Par contre, pour ce qui est d'ouvrir une école, c'est hors de question régalienne. Ici ce n'est pas comme ça que ça se passe. Vous n'avez aucun diplôme, vous n'avez aucune compétence dans l'enseignement, vous n'avez rien, ni structures ni ressources financières et humaines et vous parlez d'ouvrir une école ? Demain, vous ouvrez un hôpital aussi, pendant que vous y êtes ?* ». Ils ont diffusé un arrêté mettant en garde tous ceux qui essaieraient de transformer leurs salons en amphithéâtres, leurs chambres en salles de cours ou leurs cuisines en crèches.

Il se cantonna donc à son église. Lecture biblique et prières tous les soirs de 18h à 21h, chorale le samedi après-midi et rassemblement du Seigneur le dimanche toute la matinée. Pour la chorale, je me suis essayé au chant, mais on ne me garda pas. En Haïti, les seuls moments où je chantais, c'était soit avec les troubadours dans mon quartier, soit avec ma bande de rappeurs au Champs de Mars, à Port-au-Prince, non loin de la Faculté d'Ethnologie. On pouvait rester dehors, la moitié de la nuit, gobelets de *clairin*, ou de whisky trafiqué en main. Le rap kreyòl Ayisyen, la musique « tèt frère » du Barikad Crew, « Fanm kolokèt », ça, c'est mon truc. me voilà maintenant dans les Evangiles de Saint-Paul aux Corinthiens, les Cantiques des Cantiques... Dans une église.

- Monsieur, vous connaissez le Champs de Mars, qu'il m'a subitement demandé ?

- Oui, que je lui ai répondu.

- Ah ! c'est chaud là-bas, actuellement. Mais pas autant que Cité Soleil ou Grand Ravin. Vous connaissez le clairin ?

- Oui !

- C'est vraiment chaud ! C'est plus fort que le rhum.

- Oui, ai-je dit.

Les inscriptions à l'université étaient terminées. Alors, on me conseilla carrément de recommencer les études secondaires car mes diplômes n'étaient pas reconnus. Tous les lycées étaient complets. Il restait quelques places au lycée agricole de Matiti, en Première, car la Terminale était également complète. J'ai accepté la proposition. C'était cela ou rien. Non sans amertume. Même si mon pays était foutu, je venais de passer 3 années à l'Université d'Etat d'Haïti, à la Faculté d'Ethnologie, et là, je devais retourner en Première agricole, sans savoir où ça me mènerait ! C'était le premier signe que tout n'allait pas se passer comme prévu. J'ai préparé donc un baccalauréat agricole en deux ans. Et je l'ai obtenu avec mention Bien. Je me suis dit : c'est l'occasion de poursuivre à l'université. En agronomie, en toute logique ! Malheureusement, il n'y avait pas de filière d'agronomie à l'université. Et impossible de quitter la Guyane pour la

France hexagonale ou n'importe quel autre pays. Je n'avais pas de papiers. Je me suis donc inscrit dans la seule filière qui m'avait accepté : Histoire moderne. J'avais postulé en Lettres aussi, puisque j'aime lire. Ma candidature a été rejetée au motif que je venais d'un baccalauréat agricole. Pourtant, quand je vois le niveau en français des autres qui sont en lettres, je me dis que ce monde est vraiment mal fait, mais à chacun sa merde...

Mon tonton, lui, était très satisfait. Très fier aussi. Un neveu bachelier. Inscrit à l'université. Il me conseilla alors de demander un titre de séjour à la préfecture. Sans ce papier, on ne vaut rien. Pas de travail. Donc pas d'argent. Il était persuadé qu'après deux ans d'études, couronnés par un diplôme national français, rien ne s'opposerait à l'obtention d'un titre de séjour. Cependant, avec la préfecture, les choses ne se passaient plus aussi simplement qu'avant. J'ai mis plusieurs mois pour obtenir un rendez-vous et lorsque j'ai été reçu, ça se passa très mal. Je ne pouvais pas justifier d'une insertion : pas de famille en Guyane, pas de conjoint français, pas d'enfant né sur le territoire, pas de ressources financières. Je m'étais concentré sur mes relevés de notes, les appréciations de mes enseignants et donc, je ne remplissais pas toutes les bonnes cases. A la place du titre de séjour, on me délivra un Ordre de Quitter le Territoire. Le fameux OQTF. Tout étranger arrivé clandestinement en Guyane connaît ces sigles : OQTF. J'avais trois mois pour quitter la Guyane. C'était précisé que si je n'avais pas de moyens, je pouvais solliciter l'Etat, qui me paierait alors un billet d'avion jusque chez-moi. Je suis rentré à la maison, démoli comme jamais. Mais en même temps, je me disais que c'était peut-être aussi une opportunité de retourner chez-moi en avion, aux frais de la France. Mon entourage me rassura : « T'en fais pas, c'est comme ça ici, plus de la moitié des d'immigrés en Guyane possède un OQTF. C'est n'importe quoi, l'état français n'a pas l'argent pour expulser les gens. Il y en a qui ont jusqu'à trois OQTF. En plus, tu es maintenant inscrit à l'université. Personne ne pourra t'expulser ».

En effet, il paraît que la Préfecture et l'université s'étaient entendus, secrètement, pour ne pas expulser les lycéens ou étudiants sans papiers dès lors qu'ils pouvaient, au moment de l'arrestation, justifier d'une inscription en lycée ou à l'université. Mais tout le monde était au courant du secret. Le soi-disant secret avait traversé les fleuves et les forêts.

-Quand tu arrives ici, que tu sois Haitien, Brésilien, ou autre, on te donne trois conseils. Le premier c'est de s'inscrire à l'école ou à l'université, selon son âge. En conséquence, ceux qui ont dépassé l'âge du primaire et du secondaire se présentent à la scolarité de l'université, sachant à peine décliner le motif de leur présence. Le deuxième conseil, c'était de rentrer dans une église. Peu importe laquelle, mais une église. Et il y en a à la pelle, surtout dans les quartiers paumés. Les gens disent : «*Si ou gen yon kat etidyan ak ou kwè nan Bondye, Jezi ap avèk ou. Pa gen anyen ki ka rive ou.*

Amen! Pesonn pa ka fè ou sòti. Amen ! Pa menm préfè a. Aléluia ! »

Traduction : *Si tu as une carte d'étudiant et que tu crois en Dieu, Jésus-Christ est avec toi. Rien ne peut t'arriver. Amen ! Personne ne peut t'expulser. Amen ! Même pas le préfet. Alléluia !»*

Le troisième conseil, surtout pour les femmes, c'est de faire un enfant avec un français. C'est même plus intéressant que les diplômes.

- Donc, j'ai passé sans histoire les 3 années dans la licence du même nom. Ça ne m'intéressait pas du tout, d'autant plus que c'était l'histoire de France, du Moyen-âge à nos jours. Rien sur l'histoire de Guyane. Rien sur l'histoire d'Afrique. J'aurais aimé avoir des cours sur les empires et les royaumes, les arts, les cultures de l'Afrique avant la colonisation, je rêvais des cours de linguistique africaine, etc. Pas grand'chose sur l'histoire de Guyane et le peu qu'il y avait c'était l'histoire vue de France. Rien sur les Noirs marrons, rien sur les Créoles, rien sur les Amérindiens de Guyane. Il y en avait un peu sur les Amérindiens de Colombie, oui. Trois années de Licence d'Histoire en Guyane ! Jamais, dans aucun cours, je n'ai entendu un seul enseignant prononcer le nom d'Aluku, de Boni, de Gaston Monnerville, de Justin Catayé ... Ils ne les connaissent même pas. Ou ils s'en foutent ! Pas une seule heure de cours sur l'art tembe ! C'est quoi cette histoire ? On avait organisé un voyage pédagogique pour découvrir les châteaux et les musées de France, passage incontournable dans les programmes d'histoire en France. Eux qui n'ont jamais visité la maison de Félix Eboué à Cayenne ... Je suis de ceux qui n'ont pas fait ce voyage, faute de laissez-passer. Qu'importe ! J'ai mis ces deux semaines à profit pour visiter Cayenne. Je rêvais de visiter la maison de Félix Eboué, mais elle est vide ; j'ai cherché la bibliothèque Damas, mais elle est fermée. C'est tout de même dommage que la bibliothèque d'un si grand homme ne soit pas disponible. Le marché aux esclaves ! J'ai eu du temps pour lire les pièces de théâtre d'Elie Stephenson.

- Vous aimez bien cet écrivain, j'ai vu vos écrits sur lui.

- Effectivement.

- J'ai beaucoup aimé la pièce de théâtre « La Terre ». Une mère qui laisse un héritage à ses enfants. C'est en fait la Guyane laissée en héritage aux Guyanais. C'est leur terre.

C'est une belle métaphore, avec deux bonnes leçons.

- Tiens ! Lesquelles ?

- La première, c'est que les enfants –les Guyanais- ne sont pas assez solidaires entre eux pour être suffisamment forts et faire face aux pièges de la Loi, afin de se partager l'héritage. Ils ne sont pas assez solidaires pour pouvoir crier ensemble UHURU. La deuxième, c'est que cette terre a été confisquée, et le voleur a mis en place un arsenal administratif et juridique en sa faveur, de telle sorte que la récupération devient impossible. Pour se partager la terre, il faut payer un géomètre, payer les frais d'héritage au notaire, ériger des statuts pour la gestion, etc. Tout cela coute excessivement cher et certains sont au chômage. A l'arrivée, ils ne peuvent pas hériter. En conséquence, leur terre revient définitivement à l'état français. C'est vraiment un piège. Une voie sans issue.

- Ta lecture est bonne. Il te faudra rencontrer un jour l'auteur et échanger là-dessus. La maladie et le temps ne lui ont rien enlevé de sa lucidité.

- Dommage, mais je constate que les Guyanais ne s'intéressent pas vraiment à leurs écrivains. Je pense que c'est le plus grand écrivain guyanais. Il est même avant Damas. Qu'en dites-vous professeur ?

- Je ne prends pas position sur ce sujet, mais j'admets que c'est un grand poète et dramaturge. Rasta, poursuis ton histoire et laisse de côté le classement des écrivains guyanais.

- A la fin de l'année, me voilà titulaire d'un deuxième diplôme français. Toujours interdit de séjour sur le territoire français. Cette fois, c'est l'église de mon oncle qui déposa un dossier pour moi à la préfecture. Avec une vingtaine d'autres dossiers. Avec toute sorte de justificatif de domicile, de prise en charge financière, des extraits de naissance, des factures d'eau ou d'électricité, des fiches de paie, etc . Mon oncle avait rédigé une attestation sur l'honneur qu'il était mon oncle, le frère de mon père, en joignant son extrait de naissance, et tout ce qui pouvait attester d'une certaine parenté. D'autres fidèles avaient produit des certificats de bonne vie et mœurs, en lieu et place du casier judiciaire. La préfecture ! Une semaine avant le rendez-vous, j'étais constipé. Mon estomac était noué. Je pensais à cet accueil inhumain qui m'attendait. La précédente fois, j'étais resté de cinq heures du matin à douze heures dans la longue file. La fraîcheur du matin, ça passe. Mais le gros soleil de la mijournée m'avait tellement martelé que j'en ai eu mal à la tête toute la semaine suivante. Je repensais au visage glacial de l'agent de la préfecture que j'avais salué et qui ne m'a jamais répondu. Ce type ne regarda rien de tout ce paquet de papiers qui constituaient mon dossier. Il jeta à peine un œil sur les relevés de notes. J'en étais comme tétanisé. J'avais préparé mes mots clés. Je m'étais même entraîné sous le format « ma défense en 180 secondes ». Je regardais l'agent sans rien dire.

Même quand il me tendit mon deuxième OQTF. Sans compter les nombreuses fois où après de longues heures d'attente, on m'annonçait que mon rendez-vous était reporté au trimestre suivant, ou que le message reçu était tout simplement automatique et qu'il ne fallait pas en tenir compte. Toutes ces constipations, ces crampes à l'estomac pour ça. Je partais de là avec un sentiment d'humiliation. Que ne pouvait atténuer ni un jus frais, ni une bière à la Place des Palmistes. Je descendais ensuite à la gare routière, le long du Canal Laussat. Là, je prenais un bus direction Kourou, avec d'autres gens, dans un silence funèbre, les yeux rivés sur leurs portables, à la recherche de n'importe quoi pour tuer le temps. Comme si le temps en avait besoin. Il ne meurt pas. Il ne fait que passer. A voir leurs visages, on pouvait lire clairement : à chacun sa merde.

A l'église, on compatit pour moi. Tous, ils avaient l'habitude des refus. On pria pour moi et pour tous les autres refus de jour, de la semaine et du mois. On me demanda de prier beaucoup. De ne pas perdre la foi. De réciter le psaume 23 au réveil et au coucher : « Le Seigneur est mon berger. Je ne manque de rien. Il me fait reposer dans de verts pâturages,

Il me dirige près des eaux paisibles. Il restaure mon âme, Il me conduit dans les sentiers de la justice ». Je connais ce refrain, et je ne me voyais pas réciter que je ne manque de rien, moi qui, plus que jamais, manquais de tout. Pas de travail, pas d'argent, pas de femme, dormir avec mes neveux de 5 ans qui pissent sur moi, au lit, je rate des cours car je n'ai pas 5 euros pour payer le bus, je mange une fois par jour et que des bananes pesées, … et réciter que je ne manque de rien ?

- Rasta, ce n'est pas « je ne manque de rien », mais « je ne manquerai de rien ». C'est au futur. C'est pour l'au-delà !

- Encore plus grave, qu'il me répond ! Donc je vais brader le présent, au motif qu'il y a un futur. Qui sait ce que nous réserve le futur, l'au-delà ?

Non ! Autour de moi, dans ce quartier, qu'est-ce que je voyais : la pauvreté sur pattes, en pantalons et jupons. Les gens vivent dans des bicoques sans eau, sans électricité. La journée, ils barrent les routes, interpellent le maire et le préfet et dénoncent le dénuement complet dans lequel ils vivent, que c'était inadmissible au XXIème siècle en France berceau de l'humanisme, de vivre sans eau, sans électricité, sans travail, alors qu'on a des enfants qui vont à l'école et des femmes enceintes. Le soir, dans l'église de mon oncle, ils clament à Dieu qu'ils ne manquent de rien ! Hé, on se moque de qui là ? Soit ils mentent au maire, soit ils mentent à Dieu, en tous les cas ils se mentent à eux ! Je ne connais rien à la Bible, mais ce psaume 23, quelle sacrée poésie ! Je me suis même demandé, pour la énième fois, si vraiment ce Seigneur existe. Tout en sachant que pour nous Haïtiens, la question de l'existence de Dieu a deux réponses qui ne passent par aucune religion. Quand tu regardes l'état d'Haïti, et même de beaucoup de pays africains, tu ne peux pas rester indifférent à la question de l'existence ou non de Dieu. Tu te dis : Dieu doit vraiment exister, sinon, comment expliquer qu'il y ait encore un seul Haïtien vivant en Haïti. Ou bien : Dieu ne doit pas exister, sinon pourquoi nous laisse-t-il en enfer ? Ou alors, il existe mais il n'en a rien à foutre. Chacun choisit donc sa réponse. Moi, j'ai choisi. Il existe certainement, mais il n'en a rien à cirer. Je pensais adhérer au vaudou. Aller un jour au Bénin. Puiser à la source. Ça, oui. Mais bon, je suis pas allé plus loin dans le vaudou non plus. Voilà.

- Mais pourquoi t'as pas discuté de tout ça avec ton oncle ?

Il me regarda, sourire aux lèvres.

- Tu rêves. Je vis chez le mec. C'est lui qui me nourrit. Dieu, c'est son business. Tu me vois remettre ça en cause, chez-lui ? Lui dire que Dieu n'existe pas où qu'il n'en a rien à foutre de nos problèmes ? Je suis bien ce que je suis mais pas con à ce point. Même si je lui ai demandé de ne pas me couillonner avec la Bible.

Pas con, en effet !

- D'autres mecs me conseillèrent de prendre un avocat, afin de déposer un recours. On me fila des noms. En fait, quelques avocats locaux s'étaient spécialisés dans la défense des sans-papiers et des demandeurs de titre de séjour. C'était un des créneaux porteurs comme la défense des vendeurs de cocaïne, des orpailleurs clandestins, des squatters des maisons ou des terrains des gens, des cambrioleurs et bandits de tout bord, de mauvais locataires, des putes sans papiers … Tout ça, c'est des poules aux œufs d'or. Le morceau de chair dans l'assiette d'un avocat ...

Rasta avait une façon ironique de parler des autres, et même de lui-même, qu'il était vraiment intéressant de l'entendre parler. Et moi, j'adore cela.

- J'ai poursuivi donc mes études dans l'un des deux masters auxquels ouvrait sa licence, à savoir le *Master Civilisations* pour travailler quelque part, on ne savait pas exactement où, ni dans quoi. On m'a refusé le *Master Enseignement*. Pour passer un concours d'enseignement et être titulaire, il faut être français. En deux ans, j'ai tout bouclé. Me voilà titulaire de trois diplômes français. Je me suis dit que si avec ça on n'était pas fichu de me délivrer un titre de séjour, c'est que les lois françaises étaient mal faites. En fait, l'objectif de tout cela, c'était d'avoir des papiers de séjours et de permis de travailler.

Apparemment, Rasta ne savait pas encore que les lois françaises étaient mal faites. Et c'est à ça qu'on reconnait le néo-étranger : il pense que la France est un paradis ! Je l'ai laissé poursuivre son histoire, sans l'interrompre.

- Cette fois, toute l'église décida de frapper fort. De passer par le canal politique. On confia l'affaire à un député. Il avait bien sollicité l'église pendant sa campagne, qui l'avait elle-même fort soutenu. Une délégation prépara toute un catalogue de problèmes avant d'aller à sa rencontre. J'étais le secrétaire de cette délégation. On lui raconta à quel point la préfecture était devenue un obstacle à l'intégration sociale, économique et humaine des étrangers. A quel point le manque de papiers favorisait le travail au noir, incitait les filles à la prostitution déguisée, poussait les jeunes garçons et même les jeunes filles au commerce illicite de la drogue. J'ai beaucoup insisté sur le cas des étudiants, bardés de diplômes, mais ne pouvant pas travailler faute d'autorisation. Nous avons même expliqué au député que c'était un abus de biens sociaux et que la Préfecture devait rendre des comptes. La France investit pendant des années dans les études universitaires de quelqu'un, qui, à la fin, ne peut contribuer à la richesse nationale, par son travail. Pas de retour sur investissement. C'est cela l'abus de biens publics. Le député apprécia notre analyse et fit un courrier au préfet, en attirant une attention particulière sur ce cas. L'église les avait recensés et en avait fourni une liste au député, qui la mit en annexe de son courrier : c'était la moitié des fidèles. Comme ce n'était pas la seule à s'être mouillée pour ce député - dont on dit d'ailleurs que sans le soutien des églises, il ne serait jamais passé- il avait donc demandé à la cinquantaine d'autres de sa circonscription de lui fournir la liste des étudiantes et des étudiants concernés. L'église de Jésus-Christ Notre Seul Sauveur, celle de mon oncle, Marie Mère de Dieu, Marie

Reine des apôtres, Saint Joseph travailleur, Corps et sang du Christ mort pour nous, Pentecôtiste du 7è jour, Sacré Cœur de Jésus, les Témoins, Les Quatre évangiles, Jésus est la Vérité, les Mormons, Bondjé édé nou, Seigneur sauve ton peuple, Salve Maria do Brasil, etc toutes ont donné leurs listes. Lui-même, le député, était indigné : comment est-ce possible ? Il invitait le préfet, dans sa lettre, à traiter rapidement la situation. Nous avons prié pour lui une bonne partie de la messe. Nous avons demandé que Dieu bénisse son travail. Qu'il bénisse son mandat. Qu'il soit réélu à la prochaine campagne. Qu'il passe même ministre. Sénateur. Surtout préfet. Au moins, avec lui, on est sûr qu'on aura quelqu'un qui écoute les gens ! Nous avons aussi prié pour le préfet en poste. Que Dieu transforme son cœur de pierre en coeur de chair et le comble de bonté. Que Dieu l'éclaire. Qu'il soit une lampe posée sur la table pour éclairer la maison. Que Dieu lui rappelle qu'il est une créature envoyée sur terre pour venir en aide à ses brebis perdues. Beaucoup de prières. Que dalle ! Nous avons mis au moins six mois pour avoir un premier rendez-vous et présenter nos dossiers. J'ai eu le mien sept mois après. Donc je me suis présenté, avec la conviction que cette fois serait la bonne.

- Un dossier porté par un député, et avec toutes nos prières, ça ne pouvait pas ne pas passer. Eh ben non ! ça ne se passa pas bien non plus, puisque j'en suis sorti bredouille.

C'est ce jour-là que j'ai réalisé que la loi française avait vraiment un problème. Tu t'imagines ? Le même gouvernement n'a pas la même analyse d'une même situation. Pour le ministère de l'Intérieur, dont dépendaient les préfectures, je n'existe pas. Pour le ministère de l'Education nationale, qui scolarise et délivre le baccalauréat, j'existe, j'ai eu un baccalauréat au Lycée agricole de Matiti. Je suis dans les fichiers de l'Education nationale à Paris ! Pour le ministère de l'Enseignement supérieur, j'existe bien aussi, j'étudie à l'université de Guyane où j'ai eu une licence et un master. Tu t'imagines, vieux ! Un baccalauréat français, une licence française et un master français cohabitent avec trois Ordre de Quitter le Territoire Français.

Puis, il s'adressa directement à moi : « Mais, le préfet, le recteur, le président de l'université, les députés, ces gens mangent parfois ensemble, non ? pourquoi ils ne parlent pas de ça » ?

Je lui ai répondu sur le même ton : « le jour où je mangerai avec un de ces gens, le préfet, le recteur, le président de l'université ou un député, je leur poserai la question ».

- Comment ça ? Tu ne manges jamais avec eux ? qu'il me demande.

- Moi, non. Jamais, que je lui réponds.

On a rigolé. Il aime rigoler. Moi aussi. Même des souffrances ! Comme le jour où il m'avouait que ce qui le meurtrissait le plus avec cette affaire de préfecture, c'était la condescendance des agents français en charge de l'accueil des étrangers. Et l'humiliation qui va avec. Pour lui, les agents de la préfecture regardaient tous les étrangers comme des merdes en robes et en pantalons. Convoqué pour 13h, il devait se présenter de bonne heure, faire la queue comme tous les autres, au soleil ou sous la pluie, pour n'être reçu qu'à 16h. Ladite réception ne durait qu'une dizaine de minutes. Il saluait, on lui répondait à peine. Il présentait ses papiers, on les prenait presqu'avec des gangs, comme s'il avait la lèpre. Il cherchait à expliquer, on l'écoutait à peine. L'agent tournait les feuilles du dossier, à la recherche de la pièce manquante. Pianotait sur son clavier. Revenait au dossier. Récupérait les attestations manuscrites et les mettait à la poubelle. L'agent les suspectait d'être de vrais faux ! Et au bout de quelques minutes, le verdict : « votre dossier me paraît bon, mais l'ordinateur indique que je ne peux pas vous délivrer un titre de séjour. C'est la machine qui commande ». Et on lui délivrait son fameux OQTF. Au suivant !

La condescendance française est d'une renommée mondiale. Aussi, son cas m'a rappelé les propos des collègues enseignants dans une grande université africaine qui se plaignaient du comportement des Français au consulat, à

125

l'époque où moi-même j'étais en poste à l'étranger pour le compte du ministère des Affaires étrangères. Les Français, disait-il, ne font aucune distinction entre un professeur d'université qui demande un visa pour un séminaire en France et un chômeur analphabète qui rêve de trouver du travail dans le ramassage d'ordures à Paris, Marseille… Tout français, agent d'accueil au Consulat ou dans une ambassade de France, pense qu'il a pour mission de protéger la France contre les mendiants noirs et arabes. Il veut s'assurer qu'un professeur d'université ou un recteur, en Côte d'Ivoire, au Ghana ou en Tunisie, invité comme membre d'un jury de thèse, a assez d'argent pour vivre quinze jours de vacances après sa mission. Le Français suspecte tout Africain rêve de France, même s'il faut vivre d'allocations familiales, épouser une femme de ménage chez Carrefour rien que pour avoir la carte de séjour. Puisque dans son inconscient, tous ceux qui sollicitent un visa sont des mendiants qui se sont lavés et très bien habillés pour la circonstance. Ce n'est pas moi qui dit ça.

Ce sont les collègues africains, quand j'étais en coopération dans leur pays.

Rasta avait fini par étendre son observation de la préfecture à l'ensemble de la France : « la France, c'est une mauvaise mère. Elle aime faire la publicité dans le monde entier dans le genre : « Venez à moi, vous tous qui avez faim et soif, venez à moi vous tous qui rêvez de lumière, venez à moi vous tous qui n'avez pas d'abris ! venez ! venez ! », et patati et patata. Mais lorsque vous frappez à la porte, elle vous répond, cette France : « Je ne peux pas accueillir toute la misère du monde ». Rasta termine toujours son réquisitoire par : « la Corrèze t'aime tant que tu restes dans ton Zambèze ». Ça c'est sa trouvaille. Il disserte là-dessus à volonté. Surtout, il a des illustrations que je me demande s'il les a lues ou entendues, puisqu'il n'a jamais mis ses pieds en France. « Lorsque toi, Nègre, qu'il dit, tu frappes à la porte d'un mauvais français, parce qu'il y a aussi beaucoup de bons, même si c'est pour lui dire que son fils est en train de se faire égorger dans le jardin public, il te regarde par le trou de la serrure et dès qu'il voit qui t'es, il te crie : « Je peux rien pour vous, monsieur, allez chez l'assistante sociale ou bien j'appelle la Police ». C'est ça : l'assistante sociale ou la Police ! Par contre, si, un jour , les Etats-Unis ou le Canada ou même la Chine t'ouvrent les bras, te donnent un poste respectable avec visa pour toi et ta famille, sans restriction, c'est là que l'on vient te faire une déclaration d'amour, qu'on te nomme au Collège de France, à l'Académie française, qu'on t'invite pour faire partie de telle commission, qu'on te montre partout, qu'on rappelle, en te présentant, que tu as fait des études dans telle université, qu'on te caresse la joue et te murmure à l'oreille la liberté, l'égalité et la fraternité …

Et dire que ce type vit comme un vagabond dans mon université !

- Les deux dernières années d'étude, je ne vivais plus chez mon oncle, à Kourou. Le transport me coutait cher. Les seuls revenus, c'était en coiffant mes camarades. Cinq euros la coupe. Aussi, j'étais en collocation chez un camarade, dans une case dans le quartier dit « Source de Baduel », non loin de l'université. Nous étions 4 dans une chambre et on se partageait le loyer : 350 euros. La règle était de ne pas trainer à la maison à gaspiller l'eau après 7 h et avant 18h. Dès 6h30, nous étions sur le campus, jusqu'après 18h. C'est là qu'on prenait notre douche matinale, c'est là qu'on prenait nos déjeuners. Un repas par jour. On avait accès au wifi gratuit de l'université. Avec le temps, je connaissais quasiment tout le monde. Et tout le monde me connaissait.

Malgré tous ces diplômes, il ne pouvait travailler nulle part. Même pas de job étudiant. Il lui manquait le bon papier avec les bons mots. Le titre de séjour avec la mention : *autorisé à travailler*. Il y a quelques années, des particuliers prenaient des étrangers et étrangères pour tondre la pelouse, faire le ménage, le repassage, la garde d'enfants à domicile. Une petite entreprise de BTP ou autre l'aurait engagé pour de petits boulots de manœuvre, d'aide maçon ou autre car sa licence en histoire ou son *Master Civilisations*, ça n'apprend pas à tenir une truelle. Pour les filles, c'est aussi dur. Mais différent. Elles ont parfois de petits jobs, dont elles ne disent pas plus. Certaines font des massages, d'autres des coiffures. Tout cela au black. Elles n'arrivent pas non plus à s'en sortir. Nombreuses se marient. Souvent, ce n'est pas leur choix, car on ne se marie pas à 20 ans, étudiante, sans travail, sinon dans l'espoir d'avoir un toit, une famille, un soutien social. Juste ça. J'ai des camarades qui sont passées par là. Elles font ensuite des enfants. Elles finissent par abandonner les études. Pourtant, elles sont brillantes. Elles pourraient aller loin. Mais quand t'as faim ! Quand t'as soif ! Quand t'arrives pas à payer même un bus pour aller à l'université ! Je sais que c'est pas par choix qu'elles se marient. C'est la vie qui veut ça! La même vie qui nous a poussés hors de nos pays, nous a jetés la nuit dans l'inconnu, à la merci de l'errance et de la mort !

Nous pouvons mourir n'importe quand ! Ce n'est pas ça le souci. Mais vivre comme ça, Vieux, c'est un problème. Qu'on nous abandonne, nous les garçons, pourquoi pas ! Mais les filles ! Les pousser jusque-là, quelqu'un devrait le payer un jour ! Les méchantes langues racontent que d'autres s'arrangent pour tomber sur un de ces blancs mal accompagnés ou avides de sexe (il y en a en pagaille), célibataire ou divorcé en rade (il y en a aussi en pagaille).

Quand on est soi-même en rade, on mange n'importe quoi … Et si par miracle, c'est un fonctionnaire blanc qui connaît quelqu'un, les papiers sont assurés avec mention « le titulaire est autorisé à exercer un emploi salarié ». Dans la foulée, elle peut faire un enfant, par accident. De père français né sur le sol français. Ça c'est bon sur un dossier de demande de titre de séjour : un enfant de père français blanc. Cela s'appelle « bien tomber » ! Ce sont les mauvaises langues qui disent ça !

- A force de m'entendre répéter que je n'avais pas de famille, j'ai fini par penser que les frères d'églises qui me

131

conseillaient de faire un enfant au lieu d'accumuler des diplômes avaient raison. Après tout, les exemples ne manquaient pas. Faire un enfant. Je ne m'étais jamais imaginé capable de cela avec une autre fille que ma fiancée restée en Haïti. Je lui avais promis que dès mon arrivée en Guyane, je ferai le nécessaire pour la faire venir. Je m'étais moi-même promis de travailler comme un nègre, pour lui assurer une vie propre. Car je savais que malgré tout, elle avait peur de la misère. Elle était prête à tout affronter, sauf la misère. Notre amour était officiel. Toutes nos familles étaient au courant et il ne manquait plus que le mariage. On l'avait programmé mais malheureusement, c'est l'année même où j'ai dû quitter mon pays. Cette fille était ma motivation profonde pour ne jamais quitter Haïti. Un an, deux ans, trois ans ! Rien. Je n'ai jamais pu lui envoyer un seul mandat. Tu t'imagines ? Même pas dix gourdes ! Ni à elle, ni à mes parents ! Moi qui suis parti chercher la vie, j'avais trouvé misère ! Elle a trouvé un prétendant qui, lui, n'a pas laissé trainer les choses. Ils se sont mariés dans la foulée des fiançailles. Elle a accouché de jumeaux. J'en ai souffert. J'en souffre encore et j'en souffrirai toute ma vie. Quand j'ai appris ça, j'ai songé en finir avec la vie car sans elle… Et même ça, je n'en étais pas capable !

Rose, qu'elle s'appelle.

Il m'a montré sa photo. Avant de poursuivre :

- On riait beaucoup ensemble. Pour un rien. Quand on s'était rencontré, on s'était promis de ne pas s'aimer, car derrière ce divin mot se cache de projets diaboliques. Au début, on allait prendre quelques bières ensemble dans un bar sympa à Port-au-Prince. On se parlait de nos familles. Elle, souvent de sa tatie. De sa mère défunte. Elle a une bonne âme. C'est vraiment une belle personne. Puis, avec le temps, nous nous sommes rapprochés, jusqu'à être la moitié l'un de l'autre. Pour la première fois, j'ai senti que si je devais vivre avec une femme, ce serait elle. J'avais même voulu tatouer son prénom sur mon sexe, pour immortaliser cet amour et lui prouver que c'était elle et aucune autre. Mais c'était dangereux. Je me suis contenté de l'écrire au feutre indélébile sur mes testicules : Ro-se, une syllabe par testicule. En rouge indélébile. Vous voulez voir ?

- Non, merci, je te crois sur parole !

- Rose ! l'amour est cruel, concluait-il.

Rasta en avait les larmes aux yeux. A sa place, je serais dans le même état. Cette Rose est une très belle femme. Poitrine fière et hautaine. Sans graisse supplémentaire. Les yeux, mon Dieu ! Et des lèvres qui rendraient fier n'importe quel baiser.

Il avait tenté une approche vers une jolie compatriote, qui, elle, avait son titre de séjour. Tant qu'à faire. Joindre l'utile et l'agréable. Alexandra ! Elle était en master de Droit. Ils se parlaient bien. Parfois, ils déjeunaient ensemble au restaurant universitaire. Ce n'était pas compliqué. Chacun payait son repas : 1€. COVID le permettait. Il lui avait exposé son projet Il ne voulait pas jouer, lui avait-il avoué avec le ton d'un homme qui ment mais qui veut faire croire qu'il est sincère.

Alors, il l'invita chez-lui. Enfin, là où il co-vivait. Il pensait sa stratégie infaillible, cependant il se trompait. Alexandra n'en était plus à son premier discours des hommes. Elle savait distinguer le bon grain du mauvais. Depuis des années, elle savait, à la manière dont les hommes regardaient ses fesses sans discrétion, qu'ils n'avaient qu'un seul projet pour elle. Un seul : la sauter ! Tout le reste, les « vas, je ne te hais point », « tes beaux yeux me font mourir d'amour » recopié des recueils de poèmes, les « je t'aime à la folie », « tu es la lumière de ma chambre » etc, c'est de la littérature. Rasta se fit remballer romantiquement. La fille lui avait simplement répondu : « Supposons que j'accepte : dans ta situation, on fait comment nous deux ensemble ? Baby, je ne vais pas te mentir : *No money, no love* !». Tous ses camarades connaissaient désormais l'expression. Et chacun l'épiçait à son goût, dans le genre « *No money, no sex* »

Quand il m'a raconté cela, j'étais partagé entre le rire et la tristesse. Il s'était affalé sur une chaise devant moi et se tenant la tête dans ses deux mains, il maugréait pour lui-même, comme s'il parlait à quelqu'un : « T'as pas de titre de séjour, t'as rien, t'es rien ». « *No paper, no money ; no money, no love* ! » Il avait répété cela plusieurs fois. Je lui ai tout de même dit : « mais qu'est-ce que t'avais en tête d'aller draguer une fille qui a des papiers ? Elle n'est plus dans ta case sociale ». Il m'a répondu que même celles qui n'avaient pas de papiers blaguaient bien avec lui, mais que ça s'arrêtait là. Cela faisait au moins 5 ans qu'il n'avait pas touché une fille. Et à force de testostérone qui descend, remonte et redescend, pendant 5 ans, il a fini par embrouiller son cerveau. Il m'avait alors demandé : « est-ce qu'en Afrique c'est comme ça aussi avec les femmes ? » Je lui ai dit « oui ». « En Europe aussi ? », demanda-t-il. J'ai dit « oui, aussi ». Et j'ai ajouté, pour preuve, que l'expression « *no money, no love* » est en Anglais et pas en Bambara ni en Swahili.

Rasta en était à un point tel qu'il pensa faire la mule comme les gens de l'Ouest, ou vendre la drogue au détail comme les jeunes de Grant, de Mirza, de Bagdad etc. Mais même les businessmen ne traitent pas avec les sans-papiers.

Il n'y avait pour lui que les églises et l'université, les seuls endroits où on n'exigeait pas de titre de séjour. Il songea à s'inscrire dans un autre master, question d'avoir une carte d'étudiant. Et de voir venir. Ou une autre licence, en deuxième année, pourquoi pas, puisqu'étudier n'était plus son projet. On l'admit en *Master Travail social*. Quelle ironie ! Il se disait bien : voilà un diplôme qui me parle. Et il riait aux éclats. Il tournait et retournait sa situation dans sa tête si bien que souvent, il se parlait à lui-même à haute voix. Il riait comme s'il était dans une conversation à dix. Puis s'excusait. Toujours seul. Sa tête commençait à tourner. Rasta donnait des signes de folie, mais tout le monde s'en foutait.

La colocation était dissoute. Deux de ses colocataires, ayant compris que leur avenir n'était pas en Guyane, avaient pris la route direction USA, en passant par Saint-Georges, puis le Brésil. Les contrôles de la Police aux frontières étaient devenus systématiques, matinales et tardives. Y compris aux abords de l'université. Aussi décida-t-il de vivre carrément sur le Campus. Au moins, il se laverait et dormirait sans payer. Aucun policier ne viendrait le chercher. Et là, c'est une autre histoire qui commençait. Il n'avait pas grand-chose. Toutes ses affaires tenaient dans un sac à dos de lycéen. Il avait ramené son matelas, qu'il gardait dans les toilettes d'un bâtiment. Les femmes de ménage le savaient, mais comme elles connaissaient bien les grandeurs et les misères d'un immigré en Guyane, pour être elles-mêmes passées par là, elles ne l'ont jamais dénoncé. Il ne demanda plus rien, ni à l'université, ni aux églises, ni à la préfecture. Il aménagea un coin pour lui sous l'escalier du bâtiment des lettres, qu'on appelait « chez Rasta ». Tous ses sympathisants qui lui amenaient à manger, des cigarettes, ou de l'alcool savaient bien où le trouver.

L'affaire est arrivée devant les instances. Il était assimilé non plus à un étudiant, mais un squater et cela était inadmissible. Il avait laissé pousser ses cheveux, sa barbe, et donnait des allures d'un rasta de base. Ça devenait inquiétant. C'était devenu un vagabond sur le campus. Il était donc question de le dégager de l'université. Mais à l'université on ne fait pas n'importe quoi. L'université, c'est le terrain des intellectuels. Un terrain où rien ne se passe comme dans la vraie vie. On doit débattre avant de décider. Et même si on ne décide pas, l'essentiel c'est débattre. Et c'est ça la grande différence entre un universitaire et un homme de la vraie vie. Par principe, chez les universitaires, y a d'un côté ceux qui défendent tout ce qui bouge et de l'autre, toujours par principe, ceux qui défendent tout ce qui ne bouge pas. Les universitaires, c'est comme ça ! Tout cela au nom du respect du droit. Aussi, lorsque les uns réclamaient l'expulsion de Rasta au nom du respect du droit des étudiants qui sont obligés de cohabiter avec un tel type, d'autres soutenaient son maintien au nom du respect des droits de l'homme. Les uns avançant que s'il en était arrivé là, c'est la faute à l'université qui met en place des filières sans issue. Les autres contredisaient : c'est la faute à l'Etat qui permet aux gens en situation irrégulière d'étudier, d'avoir deux, trois master sans perspective de travail. Pour ceux-ci, il n'était pas du pouvoir de l'université de l'expulser, mais de la préfecture. Qu'il faudra le dédommager, le reloger, faire un suivi psychologique et professionnel. Pour d'autres, sachant qu'il était en situation irrégulière, ce serait le jeter dans la gueule du loup en informant la préfecture. Donc, ça débattait dans les commissions et les conseils (Il y a plus de commissions et des conseils dans une université à la française que dans un gouvernement) : conseil académique, conseil des études, conseil d'administration, conseil restreint, conseil élargi, conseil extraordinaire, conseil de direction, conseil des enseignants-chercheurs, commission recherche, commission formation, commission vie universitaire, commission vie tout court, bureau des vice-présidents et des présidents et un tas d'autres trucs. C'est bourré de juristes qui cherchent des poux dans les textes de lois, des littéraires qui ne se prennent la tête pour une virgule, des syndicalistes prêts à te péter la gueule pour rien, des calculateurs politiques, des gens de l'extérieur qui ne comprennent rien de ce qui se passe à l'intérieur de tout ça. Et ça parle français Bon Dieu Seigneur ! ça discute, ça débat, ça coupe le poil du cul en dix et au final … Rasta était toujours là, et bien là, dix ans après !

C'est le type qui entre dans mon bureau, peu après dix heures du matin, disais-je ! Il a souvent des questions dérangeantes. Notamment sur la politique, domaine qu'il affectionne beaucoup au point de passer des heures et des heures à écouter les débats politiques sur Canal plus ou RFI. Pour lui, si tu ne t'occupes pas de la politique, c'est la politique qui va s'occuper de toi et là, t'es dans la merde, qu'il dit. Ses questions sont parfois pointues. Comme le jour où il m'a apostrophé pour me demander si c'est vrai que l'Afrique est la priorité pour l'Europe. Il l'aurait entendu à la télévision. Selon lui, je suis le seul capable de lui répondre. C'est, curieusement, le seul qui pense que mes années passées en coopération, en Afrique notamment, m'ont ouvert à d'autres visions du monde. A autre chose que l'enseignement en amphi. Les gens ont une vague idée de la coopération. Ou pas d'idée du tout. Pour beaucoup, c'était le truc idéal pour se bourrer les poches et se gratter les c... aux frais de Marianne.

J'ai souvent eu envie de leur dire ceci : que les jours où ils voudront se les gratter, qu'ils aillent passer deux ans au Tchad, au Mali ou en Haïti, et qu'au retour, on cause !

Il me répète souvent qu'il me respecte, parce que, selon lui, un noir à qui la France a donné un poste dans ses ambassades, c'est pas n'importe qui. Parce que, toujours selon lui, la France ne donne rien aux Noirs, mine de rien. Rien que de petits postes. Jamais de poste d'ambassadeur. Jamais de poste de préfet. Jamais de poste de secrétaire général d'un ministère. Jamais de poste de chef des armées ! La République a honte de ses Noirs et de ses Arabes. Elle a honte de les voir aux postes de hautes responsabilités, qu'il dit. Bien évidemment, je ne me prends pas la tête avec ça, même si je sais qu'il n'est pas dans l'erreur.

Donc, pour m'éviter de longues discussions avec lui, et répondre à la question posée deux pages plus haut, je lui avais répondu que c'était vrai, que l'Afrique, les anciennes colonies françaises en général sont une priorité pour la France et même l'Europe. Aïe ! C'était mal le connaître, mon rasta.

Il m'a rétorqué : « Vieux, je ne peux pas avaler ça. Surtout pas de toi ! Tu me prends pour un couillon ? Le Niger, l'un des plus pauvres de la planète, une priorité de la France ? Haïti, la merde des merdes, une priorité de l'Europe ? Le Burkina, le Congo, le Mali, toutes ces merdes, tu veux me faire croire que ce sont des priorités ? Je suis fou ou quoi ? Arrêtez vos salades d'intellectuel noir francophone ». Voilà ce qu'il m'a dit.

Du fin fond de moi-même, je savais qu'il avait raison. L'Afrique n'est pas, n'a jamais été et ne sera jamais la priorité d'aucun autre continent à part lui-même. Ceux qui disent cela sont des escrocs qui prennent les Africains pour des débiles. Et les Africains qui y croient sont des débiles au carré. Si tu tombes sur l'un d'eux, il faut l'amener voir un marabout, un guérisseur, un gangan, un désenvoûteur vaudou, un prêtre, etc, qui puisse entrer dans sa cervelle de criquet et lui enlever ce Mal avant qu'il rejoigne les ancêtres ! Il faut faire quelque chose : des neuvaines, des sourates, des sacrifices de chats noirs et de moutons tout blancs derrière la case ou dans un puits. Car, mes amis, la priorité de la France, c'est la France. La priorité de l'Allemagne, c'est l'Allemagne, la priorité des Etats-Unis, ce sont les Etats-Unis, la priorité de la Chine, c'est la Chine... Et quand je dis ça, je ne dis rien !

Pour faire leur business, les Européens accordent la priorité aux pays comme la Chine, le Japon, l'Inde, la Russie, le Brésil et quelques rares autres. Le business y est juteux et les affaires prospères. L'Europe mise sur ces pays, elle y investit des milliards. Ce sont les clients pour sous-marins, centrales nucléaires, TGV, avions, fusées, armements lourds, voitures de luxe et surtout la technologie. Tant que les Africains n'auront pas compris qu'ils ne sont la priorité de personne, ils feront comme dit le proverbe : *lorsqu'on ne sait pas qui a pété, on tourne le nez vers son derrière*. Leur continent sera toujours pour les autres la grosse cantine, approvisionnant en matières premières et en ressources humaines bas-prix. Et encore ! Ce qu'ils ne savent pas, ces noirs francophones à la cervelle de criquet, c'est que ce qui entre par la bouche, aujourd'hui, s'appelle « nourriture » ; ce qui sort par l'anus le lendemain, s'appelle « la merde ». Les matières premières, c'est comme ça. Avec le temps ! Prenez le caoutchouc ! Ah, ce caoutchouc pour lequel la Belgique s'est prostituée pour saigner le Congo. C'était, alors, la matière première pour les fabricants d'automobiles, pour le développement industriel de l'Europe. Qui se souvient encore aujourd'hui que le développement de l'Europe est passé par la forêt équatoriale ? Passe encore que le caoutchouc soit devenu non grata, anti-bio. Aujourd'hui, une plantation d'hévéa, ça ne vaut même pas une botte de citronnelle de balcon. De même, demain, l'humanité se passera sans regret du manganèse du Congo, elle se passera du cacao de Côte d'Ivoire, du bois du Cameroun, du cuivre de Zambie… Demain, les matières premières viendront de la Lune et de Mars. Que feront Gabon, Cameroun, Côte d'Ivoire, Congo et autres qui ont mis biens, corps et âmes dans cacao, arachide, huile de palme, bois, cuivre, manganèse…? A l'heure où les occidentaux sont en

145

train de fabriquer des voitures sans carburants, des avions sans carburants, pour se passer donc allègrement du pétrole, à l'heure où les pays du Golfe préparent, grâce au pétrole, une nouvelle économie qui se passera du pétrole, les pays africains s'endettent pour investir massivement dans l'exploration de nouvelles nappes pétrolières. On est vraiment « cons » ! Et cette fois quand je dis ça, je ne dis rien !

Donc, je ne lui ai rien dit de tout cela, mais je n'en pensais pas moins. Simplement parce que je n'avais pas toujours envie de passer mon temps à expliquer.

L'Occident fait le vrai business avec les uns, et avec l'Afrique noire francophone, la causerie. C'est ça : la causerie ! Il lui cause du développement durable, de l'agenda 2050, des Objectifs du Millénaire, de la mondialisation... Il lui organise des Séminaires sur la bonne gouvernance, des Symposiums sur l'émergence, des Tables rondes sur l'égalité des sexes, des Ateliers sur les élections libres et transparentes, des Congrès sur les droits l'homme, des Journées sur la démocratie, des Semaines de la Francophonie, des Quinzaine de la transition démocratique, des Points sur la transparence et la lutte contre la pauvreté, la lutte contre la corruption et beaucoup d'autres choses de ce genre dont raffolent les intellectuels d'Afrique noire francophone ! La causerie ! Sous les tropiques francophones, on aime causer, oui ! De Kinshasa à Dakar, on aime la causerie. L'intellectuel noir francophone adore tous ces trucs où il peut faire ostentation de ses capacités à conjuguer n'importe quel verbe irrégulier du troisième groupe au subjonctif imparfait ... Il adore qu'on lui donne l'occasion de glisser qu'il a fait ses études à Paris, Marseille, Montpellier, Bruxelles ... Il est parti de là, il y a des années, mais il en garde le numéro de téléphone ! Mes amis, si la causerie pouvait développer un pays, le Sénégal, le Mali, le Congo, Haïti, etc... seraient devant la France et les États-Unis, très loin devant la Chine et le Japon. C'est pourquoi les mauvaises langues du sud disent que si vous avez un vrai problème à régler, il ne faut jamais inviter les intellectuels noirs francophones, comme disait un écrivain de

147

mon pays. Ça discute dans les colloques, ça discute dans les séminaires, ça discute dans les ateliers, ça discute dans les symposiums, dans couloirs et les ascenseurs, à la télé, partout ça discute, ça discute et à la fin, ça ne propose rien ! Et vraiment, quand moi je dis ça, je ne dis rien.

Pas plus tard que le mois dernier, Rasta m'interpelle : « Vieux, j'ai entendu dire sur Radio France Internationale que la francophonie, c'est le savoir en partage. C'est quoi cette histoire encore ? »

C'était, en effet, la quinzaine de la francophonie. Elle a lieu en mars, chaque année, dans le monde francophone, sauf en France où elle passe inaperçue et ça, il faut le dire ! On entend effectivement beaucoup de choses comme ça à cette occasion. Ça sort facilement de la bouche sans autorisation du cerveau. Je connais un peu ce sujet. Promouvoir la francophonie, c'était dans mes « missions » notamment quand j'étais en poste au Mali et en Haïti. Je répétais tout ce qu'on voulait mais jamais l'expression « *savoir en partage* » n'est sortie de ma bouche.

Je me souviens d'un jeune collègue coopérant, invité comme moi à dire deux mots sur la fraternité France-Haïti. Son sujet portait sur le partenariat durable entre les deux pays. Comme on était au mois de la francophonie, il fallait trouver une passerelle. C'est un jeu d'enfant ça, pour un coopérant, inventer des passerelles ! Soit ! La liberté d'opinion et d'expression existe ! Je l'ai écouté dire ce qu'il avait envie de dire, à savoir que la France veut tellement consolider ses liens avec ce pays qu'elle avait décidé d'inclure Haïti dans la liste des 17 pays les Moins Avancés, afin qu'il soit, comme les autres, prioritaire de son aide au développement. Dans mon fort intérieur, je me suis dit : « quel exploit ! tous ces siècles pour accéder enfin au grade de pays le moins développé, grade qui lui permet enfin d'avoir droit à une aide, ou à un prêt ». Mon collègue le disait avec une fierté certaine. Une grosse conviction ! La France magnanime ! Parce qu'elle valide la pauvreté d'Haïti ! Tel était le message. Quelle horreur ! Il a poursuivi en faisant le lien avec la francophonie, cette famille dont les membres auraient le savoir en partage.

Cela m'était insupportable. La France n'a jamais partagé un centimètre de science avec aucune de ses colonies. Au contraire, dans son système, il a toujours été question de détourner les colonisés du chemin du savoir sur lequel ils s'étaient engagés. Depuis le temps que ces colonies parlent français, où sont les écoles polytechniques ? Où sont les facultés de technologie ? de médecine ? d'agronomie ou encore les labos de recherche dont la France puisse se bomber le torse ? La France fabrique des avions, des trains à très grande vitesse, des fusées, des téléphones intelligents, elle va sur la lune avec les Américains et les Chinois… Elle va où avec le Sénégal, son ami ? Elle va où avec Haïti, sa fille aînée ? Elle va où avec la Centrafrique ? Elle dénonce le Qatar, les Emirats, la Chine pour leur mépris des droits de l'homme. Mais c'est avec eux qu'elle fait des affaires ! Et avec ses amis africains, elle fait quelles affaires ? Elle ne leur sous-traite même pas la couture des robes de femmes de ménage d'Air France. Et on parle de partage ? Elle partage quoi ? Que dalle ! Même pas un atelier de mise en conserve de poissons au Sénégal, pas un petit entrepôt de mise en bouteille d'huile de palme au Gabon, pas un bout de hangar de mise en sac de sel à Djibouti, pas un mixeur pour moudre l'arachide au Mali, ou le café d'Haïti, et on parle de partage de savoir !

Par contre, toutes ces facultés des sciences humaines, sociales et juridiques qui ne donnent aucune faculté à un peuple, qui ne lutteront jamais ni contre la faim, la soif, la mortalité infantile, la misère du peuple noire, toutes ces sciences préfabriquées qui détournent de l'essentiel, ça oui, vous en trouvez partout dans toutes les universités de cette Afrique noire francophone en jumelage avec des universités européennes. Qu'est-ce que l'Europe a appris à l'Afrique, sinon à raser les murs ?

Oui ! Haïti, le Congo, le Niger, le Bénin, le Togo et d'autres ont en partage aujourd'hui ceci : le banc des pauvres!

Mon collègue avait fini sa présentation. Je l'ai félicité, comme les règles de la courtoisie le demandent. Mais au fond, je n'étais pas d'accord avec lui sur aucun point. Si j'avais pu lui casser la mâchoire juste pour l'empêcher de débiter ces âneries, je l'aurais fait, mais on ne fait plus ces choses dans mon entourage, en tout cas!

Je me souviens d'une table ronde, dans un autre pays, sur l'aide au développement où chacun venait développer sa petite thèse toujours pour montrer que la communauté internationale faisait son maximum mais que si ça ne marchait pas, c'était la faute aux Africains : analyse économique pour les uns, politique ou stratégique, holistique, pour les autres, bilans et perspectives pour tous, etc. Mes camarades de la Banque mondiale, qui se prennent pour des faiseurs de bonheur, sous-entendaient même que le jour où ils fermeraient le robinet, toute l'Afrique retournerait au Paléolithique inférieur. Comme je ne suis ni économiste, ni politologue, ni stratège, mais littéraire dans la jungle de la coopération, et que je n'en avais rien à cirer, j'ai volontiers abordé le sujet sous un angle mythologique. J'ai comparé l'Aide Publique au Développement (APD) aux mythes de Sisyphe et des Danaïdes, dans la mythologie grecque. Ma thèse était la suivante : l'Aide au développement n'a pas pour objectif le développement. C'est non seulement une œuvre qui n'a pas de sens, mais un châtiment, une œuvre que les pays riches exécutent parce qu'ils n'ont pas le choix. Ils y sont condamnés. Par qui ? Et pourquoi ?

Parce que l'Occident est mensonge. « Éradiquer l'extrême pauvreté », « Éducation pour tous », « Égalité pour tous », « Autonomie des filles et des femmes », « Réduire la mortalité infantile », « Améliorer la santé maternelle », « Combattre les maladie tropicale », « Environnement durable », « Partenariat mondial pour le développement ».

Aucune avancée.

Pour avoir menti, et ment toujours, l'Occident ne peut rester impuni. Condamné à financer l'Aide Publique au développement. Or, il est incapable de ne pas mentir. Car, c'est ce mensonge qui le fonde. Le nourrit. L'Occident EST mensonge.

Pour l'instant, il faut écrire quelque chose sur De Gaulle. Ce n'est pas gagné ! Rasta, comme beaucoup de gens, pense qu'il suffit d'avoir des histoires pour faire un roman. Non, il faut, en plus, maîtriser l'art de raconter. Écrire, c'est comme faire l'amour à une femme. Il ne suffit d'avoir un gros sexe… Et quand je lui ai dit cela, il a bondi :

— Arrête tes conneries d'intellectuel noir, qu'il dit, Rasta. Le noir francophone peut crever de faim, le noir francophone peut crever de soif, le noir francophone peut crever d'Ébola, de Sida, de COVID et tout ce que tu veux, mais le noir francophone a l'art de raconter qu'on ne trouve nulle part au monde. Quand il a commencé à l'ouvrir, tu ne peux plus en placer une ! Tu veux des exemples ? Je veux t'en donner, qu'il dit. Chaque africain francophone que tu rencontres a toujours une épopée à raconter sur son propre compte : qu'il était prince dans son pays (mais ne dit jamais quel royaume), que son oncle a été ministre (sans préciser sous quel régime), qu'il a un autre oncle ambassadeur (sans jamais citer le pays), et patati et patata. Jamais un Africain noir francophone ne reconnaît qu'il vient d'une famille merdique. Et pourtant, y en a, des familles merdiques ! Non, dans sa bouche, il est naturellement fils, frère, cousin ou neveu de Quelqu'un. Et quand tu lui demandes comment il a fait pour finir dans un foyer social pourri pour demandeurs d'asile, sans argent et sans papiers, avec un pantalon, une chemise et un slip qu'il lave une fois par semaine et encore, il te raconte que c'est parce qu'il était un grand opposant dans son pays, qu'il a échappé à la mort une dizaine de fois, qu'il a été empoisonné une dizaine de fois, qu'il a fait des années et des années en prison, qu'il a été exfiltré par le GIGN et s'est retrouvé en exil politique, qu'en attendant les papiers, il s'est inscrit en Master et pas n'importe lequel : Droit international, Marketing et Management, Économie du développement durable ou Sciences Po et blabla. Donc, conclut-il, mon Rasta, toi qui es noir francophone et professeur à l'université, raconter doit être un jeu d'enfant !

Je ne lui réponds pas ! Comme sa nature a horreur du vide, il en profite pour poursuivre :

- Jamais tu ne rencontres un black qui te dit qu'il fait des études courtes de six mois comme Menuiserie, Plomberie, Mécanique, Électricité domestique. C'est mal vu. Ça ne dégage aucun prestige. Puisque vous aimez le prestige. Les études courtes, c'est pour ceux qui ont un cerveau court. Il faut des études longues, Master, Doctorat. Pour la gloire de Dieu et le salut de la famille. Et pas n'importe où, ces longues études. De préférence, à la Sorbonne-Nouvelle, à Bordeaux, à Toulouse-le-Mirail. Des trucs comme ça ! Nous les Haïtiens, c'est au Canada ou aux Etats-Unis. Il n'y a aucune gloire à dire qu'on a étudié dans un trou du cul !

A-t-il raison ? A-t-il tort ?

J'aime ce gars. Il adore parler et moi, j'adore écouter. Avant-, mais il y a longtemps —, à l'époque de la Négritude, et même quelques années après, un noir francophone qui était à l'université, était un sacré bonhomme. Il avait un avenir, un destin glorieux, présidentiel, ministériel et tout et tout. On allait à l'université pour devenir Quelqu'un. Donc, quand un gars comme ça venait demander la main d'une fille, il l'avait

156

sans palabrer. Car les parents de l'élue étaient convaincus que dans les bras d'un mec qui fait l'université, leur fille irait loin. Très loin même ! Eux aussi, du coup ! Les choses ont changé. Tout a foutu le camp…

Aujourd'hui, l'université n'impressionne plus personne. On y va simplement puisque rester à la maison engendre plus de problèmes. Quand tu étudies, surtout à l'université, il faut que les citoyens de base voient en filigrane ce que tu seras après tout ça d'années! S'ils ne voient pas clair…. Un jour, à Dakar, j'ai rencontré un gars qui m'a raconté ses mésaventures. Il faisait un doctorat à la faculté des *BeauxArts*. Les gens lui demandaient ce qu'il allait faire avec ça, beaux-arts. Il répondait : « Professeur à l'université ». « *Seigneur dieu, Roi du Ciel ! Prends pitié, s'exclamaient les gens. Professeur, dans ce pays-là ! Ton salaire ne résistera pas quinze jours. Comment tu vas faire pour arriver au trente et un, ou même au trente-deux du mois ? Comment tu feras pour le ramadan ? Et la tabaski ? Hein ! Tu pourras vraiment acheter un vrai mouton pour toi, ton père et ton oncle? Pour vivre, tu vas tourner dans trois écoles privées, et à pieds tous les jours ! T'auras même pas Canal plus en haut et en bas de la maison. Tu vas regarder TVSénégal ou SénégalTV, rien que des discours politiques, des dombolo et des blagues de Toto alors que les autres ont des films pornos et du foot anglais à gogo sur Canal ? Pauvres parents, qu'est-ce qu'ils ont fait au Bondieu pour mériter ça ! Hein ! Ta famille a vendu son troupeau de chèvres pour ton inscription à l'université, elle a vendu aussi la moitié de son terrain pour te payer un logement à Dakar ; tes petits frères ont arrêté d'aller à l'école pour toi ; toutes les dots versées pour tes sœurs, tu les as converties en syllabus. Et là, tout ce que tu trouves à faire comme études, c'est ça ? Enseigner à peindre de petits villageois en train de palabrer ou des femmes en train de piler du mil... Laisse ça aux vagabonds de N'Gor et du Grand marché, laisse ça aux mauvais rastas de Gorée, ils font ça très bien dans les rues, à même le sol. Hein ? Maudit ! Espèce de maudit ! Prends garde à toi ! Si, un jour, tu regardes ma fille, voilà ce que je ferai : j'irai voir un marabout, je ferai des sacrifices et une sourate pour te rendre aveugle et muet et je demanderai une neuvaine au curé, même si je suis musulman, afin que ton cerveau oublie le chemin de ma maison ! Maudit ! Espèce de maudit ! »* Voilà ce qu'on lui a dit !

Les méchantes langues en profitent pour faire circuler partout que trop d'études, ça rend un Nègre d'Afrique noire francophone couillon. Tous ces gens qui font des doctorats ès *Lettres, Ethnologie, Anthropologie, Beaux — arts,* et d'autres choses de ce genre qui ne mènent à rien, comme dit Rasta, on les regarde comme de futurs vauriens.

C'est pour ça que, finalement, écrire sur De Gaulle n'est pas aisé. Les gens vont se dire : voilà un docteur vaurien !

Avec tout ce qu'il y a comme hommes célèbres sur terre, les Mandela, Lumumba, Obama, Nyerere, N'Kuruma, Mugabe et beaucoup d'autres, il choisit De Gaulle. Espèce de vendu ! Non, ici, écrire est suicidaire. Ou alors, il vaudrait mieux écrire des contes, des légendes ou des proverbes.

Comme dit le dicton : « Un proverbe, ça ne mouille jamais personne ».

Je me demande si ce Rasta n'est pas finalement mon destin qui est venu me rappeler que je suis en train de passer à côté de quelque chose sans m'en rendre compte. Depuis quelques années, j'écris des textes sans lien apparent, dont je ne me suis jamais soucié. J'en ai sur mon enfance, sur mes premiers pas à l'école, sur les premières filles que j'ai aimées, à qui j'ai promis la lune et à qui je n'ai même pas servi un croissant au beurre, etc. Tout cela, ce sont des leçons de vie et ça m'aurait intéressé d'en parler un jour. Me voilà en train de me fourvoyer dans une légende sur De Gaulle. Ou sur l'Afrique des Africains qui n'arrivent pas à fabriquer même un rouleau de papier-cul. Mais bon ! C'est la vie.

Ma mission est terminée. Si Rasta, ou quelqu'un n'est pas content, qu'il reprenne les deux histoires par où je les ai arrêtées et qu'il en fasse ce qu'il voudra.

La prochaine fois, Rasta, j'essaierai de te raconter l'histoire d'un petit qui rêvait d'être quelqu'un dans son Congo natal et qui a fini professeur dans une université française. Ça vaut vraiment le coup.

Made in the USA
Las Vegas, NV
17 November 2023